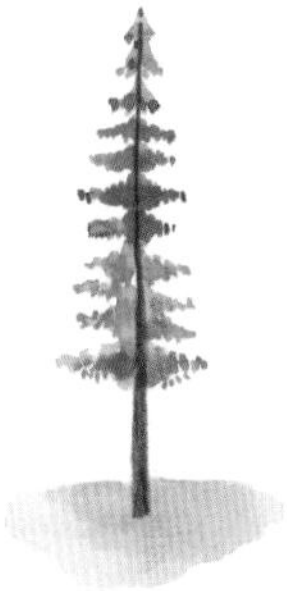

跟一棵樹聊天，聽他的人生哲學

目錄

目錄

如果可以選，
你喜歡怎樣的家人呢？
我有狗的家人、貓的家人，
還有植物的朋友家人，
他們也是我家
的一部分……
我們不一定
能睡在一起，
但是他們不只是
沉默的存在，
他們是我心中
有分量的存有，
是「我的朋友」。

春花媽

棉小花

大家都疼愛的幺女，
誠懇又好學，
是春花學徒。

大姐甜甜圈

老派台語狗，
希望妹妹可以結婚，
夢想是飯碗都是肉。

二姐曼玉

純貓，非常做自己，
不喜歡任何貓，
只想要黏在妹妹身上，
但不喜歡妹妹黏他。

Amia

個性鮮明的小辣椒，
小時候車禍，
跛腳脊椎側彎，
但依舊活潑。

大海

是海廢，
癡漢中二生，
很容易把哥哥姐姐
用生氣。

萌萌

從未超過
4 公斤的橘貓叛徒，
迷戀媽媽，只喜歡春花，
其他都討厭。

歐歐

冰山美人，
不喜歡跟大家太多接觸，
喜歡媽媽摸很久，
貓只喜歡棉小花。

春花

春花媽的兒老闆，
會規畫媽媽做一切的事情，
嚴肅的存在，
但很會照顧幼貓。

你可能 有 動物家人，
那你 也有 植物朋友 嗎？

00 序

我想當植物人

我的貓很多，其中一位叫做「春花」，奶油色的大貓咪，看起來甚至比家裡的巴哥犬奶奶：甜甜圈還巨大。他很喜歡躺在窗邊，也是最常跟植物聊天的貓，當他們聊得很專注的時候，我常覺得春花被植物的光包圍著，感覺春花也長出細胞壁，變成綠色的貓……

我把這個想法跟春花哥說，我通常都叫他「春花哥」，因為他是一位非常有威嚴的貓。哥沒有轉頭繼續看著窗外、對植物笑著說：「他不用變綠色也可以跟你們講話啊，他老是犯傻，把自己想得小小的。」

有時候，植物們會跟著笑，有時候只是輕輕跟著風動，我忍不住問他們：「跟人聊天與跟貓聊天，有沒有不一樣呢？」

哥一付百般無聊的樣子，繼續舔手。

「有沒有不一樣啊？」睡蓮重覆這句話。

「貓不會一直問我，要死了沒。」荷花說。

「我沒有這樣問你啦！」我對荷花吶喊。

荷花說：「但是你又喜歡我乾枯的樣子，心裡又在想，我明年會不會再開花，我已經死在你心裡了啊！」這話聽得我汗顏……

但實際上我真如同荷花所說，每到秋天都會這樣想，我都很晚、很晚，才把荷花的枯枝修剪，然後把泥土半陰乾，等著春天再繼續給水，難免會在心裡想，明年我還會見得到你嗎？

荷花跟睡蓮不一樣，有時候第二年並不會回來，有時候又突然出現。

「貓知道我睡著了。」

「那是因為貓很會睡覺，所以他懂你們睡著了啊！」

「那你要來睡覺嗎？」

「你說在泥土裡面嘛？」

「嗯啊。」

「我是不確定我躺下去，真的起得來嗎？」

「給你水，你就會醒來了啊。」

「不會好嗎？我是人你是荷花，你本來就可以長在水裡，我不是好嗎？」

「那你知道我們不一樣，幹嘛老是問一些你想的問題，而不是我的問題？」

「欸？」我呆了一會。

春花躺著，只是頭歪了一下斜斜地說：「因為他想當植物人。」

荷花：「植物人？」

春花：「他跟植物講話，跟他與動物講話是一樣的，他想去了解我們，即便是他已經懂的事情，他也想要搞得更懂。」

睡蓮：「這樣很傻？」

春花：「一直問，顯得不聰明。」

荷花：「因為他跟我們不一樣，無法用全身記事情？」

春花：「應該吧，裝了太多東西，就只會用自己會用的，人很容易變成一個樣子。」

睡蓮：「所以他不會開花。」
荷花：「所以他斷掉也不會長回去。」
春花：「他也忘了自己跟我們一樣，常常覺得我們不一樣。」
「欸！你們不要這樣，我真的聽不懂啦！」我慌張地回嘴。

「聽懂你就不會問了嗎？」荷花問我。
「蛤？我應該會繼續問啦，因為每一種植物不一定一樣啊！」
「就說他還不懂啊！」春花對著山說。
「就說他還不懂啊。」睡蓮重覆了一次。
「這樣你懂了嗎？」荷花問我。
我完全不知道要回什麼，只好跟他們一起曬太陽。

：：小後記

我覺得，有時候不是懂不懂的問題，是「境界」的問題，有嘗試過很強辯地跟他們說、我們真的是不一樣的啊，所以才會想要問啊！

但不是被貓嗆，肉吃少一點啊、或是要記得長腦不要長肉……不然就是被植物反問，我們曬的太陽難道不是同一個嗎？

這時候自以為的理所當然，就會被再檢視一次……人就會攤得很平。

真的是與誰溝通都充滿著學問啊！

01

颱風天的樹

那時候，春花因為樓下焚燒金紙跟附近半夜工程的問題，引發過敏性的眼疾與呼吸症狀，嚴重到需要緊急看醫生，雖然搬到這個租屋處還未滿一年，但是我知道，貓們跟我都無法再住下去了。

我知道、貓們跟我都需要樹，需要更安靜的空間，沒錢有時候是種很簡單的標準，往更偏僻的地方找就好。春花跟我說了一個方向，我往山裡去，巷子的尾端，有一座看得見天空的山，往房子裡走，窗外面都是綠色的，春花說：「這裡是我們的家。」

客廳所有的窗都是綠色的，不同層次的綠色，我跟貓們常常一起被綠波沖刷著，貓咪他們跟山聊天，也讓我開始想要有植物家人，長長窄窄的陽台一盆盆長出來的葉子跟對面山上的綠意連成一片，在手指染上更多土色的同時，植物的聲音跟動物的聲音一樣清晰地浮現。

新來家裡的幼貓棉小花，身上還散發著青澀生命的酸味，他還沒見過颱風，但是他嘗過雨滴的味道，我抱著他在窗邊，跟他解釋現在灰壓壓的天空是因為颱風，所以他會看見樹在晃動，他會看見滿天飛舞的水與葉子與其他，但是他看不見鳥跟太陽，即便他們還存在著……

棉小花並不感興趣，他只安靜趴在我身上，說：「好大聲，好可怕」。

我放下他，讓他回到他的貓哥哥春花身邊，棉小花說好可怕，我問樹：「那你覺得『可怕』嗎？」

風聲很大，我想這時候，這方空間有多少「可怕」的感覺在滋生呢？夜黑壓壓地蓋下，風聲沒有減緩，陽台的樹已經倒下，灑出來的土跟暴漲的溪水都是咖啡色的。

半夜看不見風，但是樹葉被拉扯的聲音、鮮明地在耳朵裡響起，我跟春花一起看著窗外。

我：「颱風對你們有影響嗎？」

樹們：「他們本來就會來啊。」

跟強勁的風聲不一樣的聲音，清楚地傳遞出這樣的意念，有種陽光下的綠色，跟此刻的黑暗完全不一樣的溫度，比貓的溫度再涼一點，但是很舒服。

我：「但是颱風這麼大，然後這樣經過你們，拉掉你們的葉子，折斷你們的枝枒，甚至有可能拔出你們的根，你們可能就這樣死了，很多很多的傷害，可能都不能回復的傷害，這樣不算影響嗎？你們可能會這樣就死掉捏！」

樹們：「我們有拒絕任何生命的到訪嗎？」

我：「蛤？」第一個瞬間，其實是聽不懂，但是不知道為什麼也繼續回問他說：「應該是沒有，但是『颱風是一種生命嗎？』他是一種力量吧？一種讓你們受損的力量吧！你們長再怎麼快，再怎麼努力地抽芽，再怎麼生葉子，再怎麼努力伸根，都趕不上他一會兒的到來，就這樣把你從外面層層地剝開，你就不是樹了。」我覺得好痛，心跳也快了起來，呼吸也亂了節拍，但是風聲的節奏並沒有和著心跳的韻律一起……

樹們：「只有不想來的，終究進不來。」

我：「所以颱風就算很大，折損了你們很多，也沒關係？」

樹們：「你只看到受傷？」

我：「我也有看到清理。」

樹們：「還有告別，你不是聽過我們唱歌？」

我想起，那天晚上，那個在盆栽裡掙扎很久的植物，輕輕吐了一口若有似無的氣息，然後他身邊的植物開始發出一種近於「哞」的聲音，然後一株株的植物開始加入，變成更多的聲音，一層層的聲音進來的時候，春花也走到窗前，一起合唱了起來。我發不出聲音，但是我覺得這首歌，我的身體知道，已經唱了很多次了，那株枯萎很久的植物沒有變化，只是在空氣之中變得更輕盈了。

我：「嗯，被身體記憶的聲音，我沒聽過，但那卻是身體可以唱的歌。」

樹們：「颱風的歌，可以清理我們更多不乾脆的意志、或是不確定的生命、也有多餘的生命，颱風沒有傷害過我們。只是他用你不接受的方式經過大地。」

我：「因為我們人不喜歡被傷害。」

樹們：「也因為你們以為自己怕痛又怕死，無法交換颱風所清理的能量。」

我：「所以你們都可以？」

樹們：「我們本來都同體。」

我：「是我們分別了你我啊。」

樹們：「該出來吹吹風的，只要想活下去，風帶不走的。」

樹送來的每一個字都透著風，也穿過風，棉小花在我懷裡睡了，我看著劇烈搖動的葉子，也看著不動的樹幹，然後我試著看到樹根，只有泥土的顏色，但是他知道他們是連著，我試著把自己也放進去，而不是只看到痛而已。

⋯⋯小後記

這是剛開始跟植物對談時寫下的，開始跟植物溝通，很多時候就是接收他們的感覺，或是變成另一種很緩慢的感受狀態。很多訊息，在那天的風中飄散開來，我們之間的對談變得跟動物一樣流利，我知道，植物跟我又靠近了一些。可能我也綠了一些⋯⋯

02

樹朋友

朋友傳來一棵漂亮的樹，滿頭黃葉，舒展出一種清朗，我一邊看著他，一邊感受他的感受……

樹：「你是第一個用這種方式跟我聊天的人，其他的人都是成為我，你是直接跟我聊天，你很有意思。」

我：「我也想成為你，那想必是有趣的體驗。」

樹：「你現在也是在體驗著唷。」

我：「哈哈哈哈，也對！你活著這麼久，對我們的看法是什麼呢？」

樹：「『久』，這附近有更多比我更久的樹，比我更久的存在，或是比我短的，或是剛誕生的，這樣的問法有意義嗎？」

我：「也沒有什麼特別意義，只是我是人類，人類習慣用這樣的方式定位一些價值。」

樹：「那你覺得我有價值嗎？」

我：「我沒有親眼感受你，但是我跟你聊天的時候，覺得很溫暖，很舒服，我可以感受到你的壯闊與渺小，我知道你在圖像中看起來很小，不過就是我的手掌那麼大。」

我把我的手傳給他，放上五六片他的葉子的模樣給他看。」他笑了一下，我繼續說。

「但是實際上，我知道你很大，我可能花一輩子長高，都無法達到你第一個分岔的枝枒，然後我把自己攤開，也不及你多數的枝枒寬，你花多久才變這麼大啊，我每次看到樹都會這樣想……講起來好像跟時間無關，但就是覺得這樣的對談也很有價值。」

樹：「你真有趣。」

我：「你也是啊！你對我們有感覺嗎？我是說對人類，或是對於所處的環境？」

樹：「我這邊的變化不多，但是我知道這裡以外的地方，有些變化得很劇烈，樹木正在減少，我們生得不快，但是停止生長很容易，很多時候我們還沒死，你們卻會選擇讓我們死透了……人啊、是一種很急的生物，你們像是快要死的蟲子一樣，太想要完成自己的事情，不太顧慮環境中的其他。」

我：「人啊~像是快要死的蟲子，有時候，我真的這樣覺得。特別是你說，我們很專注在自己想要生產的事情，或是說太用自己的方式過活嗎？」

樹還沒回話。

我：「我們長得比很多生物大，但是我們確實是一種短視近利的生物，或是說太實際的生物。如果我們眼前不看到，手裡不拿著，就覺得不踏實。」

樹：「你也會嗎？」

我：「我也會啊，只是我不會一直需要拿著什麼，可能因為我的手太小，但是我有想去的地方。」

樹：「我沒有想去的地方。」

我：「因為你不能移動？」

樹：「樹就是長在一個地方慢慢往上看見，然後再往外看見，這是我們成長的方式啊，我們不會要求自己做做不到的事情。」

我：「人真的跟樹不一樣。人好喜歡動來動去。」

樹：「你有想過，你們也是一種樹嗎？」

我：「我們也是一種樹？」

我試著想像自己「變成」一棵樹，但是我無法想像「我是一棵樹」，我只有兩條根，一顆大樹瘤，但是再怎麼緩慢地移動，我都是走著，好像無法活這麼高，必須要用一種動能來取代無法達到的巨大，我心裡亂想著這些事情……

樹看著我，感受我的想法：「因為這樣，所以你們常常很熱嗎？」

冷不防地被問了一下，確實也覺得自己有點熱。

我：「我個人還好，但是整體環境變得很熱是真的。」

樹：「很多到我這邊的人，大小形狀不一，但是都感覺很熱，身上的葉子（衣服）也很少，我是葉子逐漸變少，人的葉子卻會馬上變少，我在想、是不是你們感受溫度的方式，跟我們不一樣呢？」

我：「哈哈哈哈哈，真的捏！我想我們很不一樣，不管是皮膚的厚度，或攝取養分的方式，都跟你很不一樣，所以我們身上的衣服！喔！我是說葉子程度不一，馬上脫掉葉子的速度也很快。親愛的樹，我跟你說，因為你是生長在同一個地方，但是人會住在很多地方，不同的人對於溫度的適應度不一樣，所以有人需要多一點葉子，有人少少的就可以。」

樹：「我就是根據季節來放下葉子。」

我：「那顏色也是你決定的嗎？」

樹：「顏色不是我決定的，但那是屬於我的變化。你喜歡我的顏色嗎？」

我：「我喜歡你的每一種顏色，不同顏色給我不同感受，但是對我來說都會覺得是獨特的存在。你自己呢？」

樹：「我自己在每一個生滅裡面告別，然後看著自己再大一點、也有壞掉一點，看著自己身體成為自己的歸依，或是其他生物的依歸，這是每一天，我在自己的裡面。」

我：「你只要當你自己就好嗎？」

樹：「你不也是嗎？一如你無法變成我啊。」

我：「哈哈哈哈啊，對捏！」

樹：「你真是個小可愛。」

我：「你是個大帥哥。」

樹：「哈哈，你真有意思，下次再一起聊聊，好嗎？」

我：「好。」

樹：「嘿！小可愛，我們都是活著的樹，只是你們是會動的樹。」

我看著他傳遞到我身上的黃色，在一層層的黃色裡，一道道理解他所說的。

：：小後記

這是我的一位樹朋友，嚴格來說是「第一位樹朋友」，因為他希望我們常聯繫，我才展開了這段友情。想到時就問候他一下，也傳一下我身邊的樹給他看，有時候可以討論很久，有時候就是淡淡幾句，但是我們都各自安好。

我老覺得他講話有點禪味，或是說有點佛教味道，他總笑笑說，這邊的人都這樣說話，等我去看就知道，我答應他有生之年，我會去找他的，讓他看看我多小，他多高。

今年春天他給我他枝葉扶疏的畫面，我感覺他有點微弱，認真地問了幾次，他才很緩慢地說，他腳邊好像發生一些事情，稍稍影響到他腳下的泥土跟他底部的樹皮，所以無法很即時地回應我，我安靜地傳遞一些祝福給他，他笑著說：「人真的有好多種，有些人很在意我的不舒服，有些人就算看見也不知道我痛著。」落下了一些葉子，他淡淡笑著說。

03

生菜的心很難懂

每一個請回家的菜兒，我都會先問他們，是否願意給我吃，都是有說好的，才乖乖請回家，但是……我想眼前這株鹿角生菜，是騙我的……

想當初，我在一盆盆的生菜前一株株的問，才問到他，問都還沒問完，他就說：「我好好吃，我喜歡給人吃，你吃我，我好會長唷，我會養你！」聽得我差點也是淚如雨下，直接就請回家，結果……

生菜就一直長不好，我覺得也沒關係，希望他們不要隨便死掉就好，但是如果不想活了、我也不勉強，因為之前貓薄荷也這樣任性任性的。

所以我就每天勸他們好好生長，別為難自己。但是生菜真的很奇怪，發育一天爛一天，我一邊跟他們溝通，一邊問植栽人可以做什麼讓他們舒服一點，改善了土壤和水，每天講好話鼓勵他們，生菜終於稍有起色。然後，我終於搞懂為什麼他們要弄自己了！

生菜：「我其實不想給你吃！」

我：「所以你們要長不長的，是嗎？」

生菜：「對啊！」

我：「那我可以不吃你們啊，當初幹嘛答應啊？」

生菜：「因為我們在那邊好擠，我們不想住那邊了。」

我：「那邊那個紫紫死掉的，他也是因為怕被我吃掉，所以死掉了嗎？」

生菜：「對，他比較怕痛！」

我：「我們天天聊天，你們真的可以說啦，我沒有一定要吃你們啊！」

生菜：「一開始我們不知道，你是不是說真的啊？」

我：「真的啦！我不吃你們啦！」

生菜：「我們現在知道了啦！」

我：「但是我不懂，你們怕給我吃，但是矮紫紫為什麼就可以給蛞蝓吃？」

生菜：「因為他吃很慢，而且不會用得很痛，所以給他吃啊！」

我：「所以你們覺得給我吃，比較痛！」

生菜：「對啊，你這麼大！」

我……原本還想說些什麼，但是算了……

總之，這株生菜活了很久，而且一枝獨秀地不斷發芽長葉，我也守信用，一直沒吃他。

∴小後記

我每次去陽台他都對我愛理不理的，然後他旁邊的紫蘇長到蔓延過欄杆，對於活力四射的紫蘇，他老是說：「你被吃光光好。」但紫蘇實在太會長，從來就沒有吃光光過，然後生菜時好時壞地生長，被紫蘇說：「這樣、你真的比較開心嗎？」生菜總是沒有回話，但是在強風中他們一起歪頭的樣子，有種一體的美感，雖然大概只有我這樣覺得。

04

植物的義氣

小花園裡有條彩色長毛的蟲說自己叫做「彩虹玫瑰」，非常霸氣地把花園從左到右吃了一輪，現在吃到玫瑰，我今天去看的時候，他連玫瑰的花托都快吃光了。

下午我再到園子去看看，玫瑰終於還是說了：「好熱，你解決一下！」

我是能叫太陽下山，或是烏雲下雨嗎？想想，我只能叫蟲走開。我把我的想法跟玫瑰說。

玫瑰：「我沒關係，我也想知道，他繼續吃，繼續長，他會變成怎樣？」

我：「你會不舒服嗎？有需要可以跟我說唷！」

玫瑰：「沒事，確實不是很喜歡這樣的感覺，但是我也不想刺傷你，你沒有要傷害我的意思，但我就是會傷害到你。」

我：「沒關係啦，是我自己不注意，應該要小心不要碰到你的刺就好。」

玫瑰：「你一直說謝謝好可愛。」

我有點不好意思的感覺，感覺太陽讓一切變得更熱。

玫瑰：「不過這次讓彩虹吃完，我們就要休息一下，也許無法開花，也不能分別的蟲吃囉，請你幫我們注意一下。」

我：「沒問題，我會注意！」

玫瑰：「謝謝你。」

一段日子過去，我們終究沒看到他羽化的過程，但是彩虹玫瑰竟然留了一堆遺腹子給我！

後來，因為我沒頭沒尾，又沒常識，不知道彩虹玫瑰的遺腹子是否有經過交配的過程，想說可能是沒有受精的蟲卵吧（我天真！），問問玫瑰會不會覺得太重，需要剪下來嗎？

玫瑰：「沒關係，他們不會吃我啊！」

所以玫瑰慢慢長出新芽，漂亮的紅色葉子一天天長大一點點轉綠，然後就在當夜，例行的夜晚散步，啊啊啊啊啊啊啊！蟲卵全部突然孵化出來了！密密麻麻帶毛的彩虹蟲子立刻布滿玫瑰的葉片。

我答應過玫瑰，一定要移開，這下好了，我是要送去後山，還是要怎樣？只好先一一問過家裡的植物們，有植物要照顧吃到飽的彩虹玫瑰蟲蟲嗎？大家都沒有回應，我想說我要送去後山，麻煩其他植物照顧了，結果！結果！結果，一個我想不到的人！啊！是植物講話了……

「讓他們來我這吧。」這是鹿角生菜說的！

生菜：「反正我們都老了，再活也沒多久了，之後也不會再長了，你沒有吃我們，還一直給我們好東西，雖然有時候會碎念我們！學你做些好事情吧，不過以後我們就不會在這裡囉，他們應該會把我們都吃光光！」

我：「真的嗎？」

生菜：「真的啦！我們已經比別的生菜活得久，一直活著也沒特別不同，這裡的風景不錯，但是我們也希望可以付出啊，最近連蝸牛都沒來吃了，分給這些小東西吃也無差。」

我：「你也太帥了吧！」

生菜：「蛤？」

我：「就是謝謝你這樣的付出與幫忙，我想蟲蟲會因為你們有奇妙的感受的。」

生菜：「不過他們應該很快就長大，然後就會爬到別人家去！」

我：「哈哈哈哈哈哈！真的！」

生菜：「你自己小心一點！」

我：「好，謝謝你。」

義氣啊！生菜！

……小後記

話說我這株生菜真的長很高，有五十公分吧，一支獨秀地霸占一個大花盆自己長，每一片葉子都長得很大，但是彩虹小蟲蟲過去一晚，隔天一早去看，連莖都有被啃咬的痕跡，問他還好嗎？他只是吶吶地笑了，問他這樣有比被蝸牛吃好嗎？他倒是很爽快地說：「沒有。」

隔天晚上就被吃光了，下午蟲蟲已經開始移動，不過我都一一攔截起來，送去後山了，回來看著空空的生菜莖，他說自己會慢慢倒下，後來確實也如此。

想起他說，他不想給我吃的口氣，跟他現在倒下的樣子，我真的覺得植物不太好明白啊～

05

植物會是一種家人嗎？

看著角落的植物，不算特別有生氣，只是綠色在這邊放著，我偷偷摸了一下他的土、很乾，腳底的接水盆也沒有濕意，乾乾的砂土，前面還有電線，我在想這裡有多少人注意到你？你多久沒喝水了？喜歡這樣嗎？你……好嗎？

我常常在咖啡店或是有植栽裝飾的店，內心有這樣的對話，但是我還是我，植物也還是植物，我們可能一期一會，也可能再相逢，我不是真的理解，我們的狀況是否都有改變。

家裡也有植物，因為住在有點冷的地方，我常常在溫差大的冬天或是太冷的冬日，看見植物比較突然的變化，但是有一些厚葉子或是寬葉子的朋友，不論晴雨亦或冷暖，基本上都是常綠的樣子。我們也會聊天，他們比一般的植物沉默一些，也冷淡一些，多數都是安靜地生長，就算少一點水，或是在陽光少一點的地方，也是安穩地生長，葉子裂掉也會花很久的時間才凋謝，跟貓或是狗比起來，是一種很沉默的家人，我把這樣的想法跟家裡的龍舌蘭說。

龍舌蘭：「沉默的家人。」

我：「對啊，就是也是家裡的一分子，但是，不是需求很多的家人啊！」

龍舌蘭：「需求不多的家人？你需要很多嗎？」

我：「你是說我需要『需求很多的家人』？還是你的意思是說『我的需求多不多』呢？」

龍舌蘭：「你好複雜，都可以啊，我都想聽聽你的說法。」

我：「我家裡有很多需求很多的家人啊，我自己覺得自己的需求不多……吧？我沒有特別需要什麼‥動物家人都平安，你們也都可以安於四季，我就可以安心工作繼續養活大家啊。」

龍舌蘭：「你養活大家。」

我：「可能你覺得還好，因為你們多數靠太陽、風跟雨就可以存活，我給的肥料或是水或是其他的東西，也沒有什麼不可取代性。但是家裡的動物，不天天餵，不天天處理廁所，他們跟我大概都會受不了吧？」

龍舌蘭：「所以他們是需求很多的家人？」

我：「對別人也許是，對我來說還好，畢竟七貓一狗真的滿多的，但是好險、我人生沒有其他的興趣，我很喜歡就這樣跟他們膩在一起。」

龍舌蘭：「興趣跟需求是一樣嗎？」

我：「欸……我沒想過這個問題，我想一下。」

龍舌蘭：「我是你的興趣還是需求？」

我：「蛤？這也是一個高深的問題。」

龍舌蘭：「你好好笑。」

我一邊笑著一邊思考著。龍舌蘭還是安靜的，也不太動，他的葉子厚重，不會有什麼迎風搖曳的狀況，我在他的土面上，放了一顆又一顆圓圓的石頭，希望幫他多保水，我也不太確定他喜不喜歡這樣的安排，但是我們守護著彼此，很慢地一起讓時間流過我們，留下不一樣的痕跡。

龍舌蘭：「你剛才想了好多事情。」

我：「對啊，關於你問的，可以想好多事情。『興趣跟需求一樣嗎？』我第一個感覺是一樣的，因為我覺得興趣也是一件我需要的事情，但是可能需求度不強，就像是我有一個興趣是吃東西，我特別喜歡吃麵，吃好吃的麵算是一種興趣，但是一整天都不吃麵，我好像也不會有什麼損失。

如果將問題換成你，植物是我的興趣還是需求……其實我每天都有吃植物，我覺得那是我的需求，但是養植物也不是我的興趣，我沒有像一些園藝家，就是專門在照顧植物的人，根據天氣或你們的狀況不斷地幫你們調整，我就是安靜地提供基本需求，因為有緣可以在一個家，我享受你們提供的綠意，我回饋一點我能做的照護。

對我來說推動興趣的是一種喜好，其中包含投注心血，期待變化，感受自己與有興趣的事物互動。但是對我來說，我好像就是跟你們在一起生活，不管我們變或不變，我可能都是一樣的，也許有一天我會再去研習植物的照護，但是目前對我來說，你們就像是安靜的家人。」

龍舌蘭：「其實我覺得你講的事情都很像，我也不是真的很懂你說的。」

我：「那你會覺得我們是家人嗎？」

龍舌蘭：「家人……啊。」

我：「嗯？」說實在的，有點期待聽到他的回應。

安靜了一會兒。

龍舌蘭：「在這裡活著的都是家人吧，但是我們住的地方不同，我們需要的東西不同，你有時候不在，但是我們一直都在，你所謂的家人好像是你的需求，但是龍舌蘭不需要家人，也還是龍舌蘭。」

我：「嗯嗯嗯。」

龍舌蘭：「如果沒有你，或是換人照顧我，我還是龍舌蘭，你少了龍舌蘭，就不是你了嗎？」

我：「欸……我會想你，可能不是常常想起。但是我會想起你，可能現在我無法知道少了你的差別，但是我知道我生命中有一段時間，是跟你在一起的。」

龍舌蘭：「家人都會在一起嗎？」

我：「有一些不會。」

龍舌蘭：「你想把我當家人也可以啊，但是我就是龍舌蘭，你就是你。」

我：「我拿這樣的問題問你，我是不是很傻？」

龍舌蘭：「傻？我想……你是希望你跟我有關係吧。」

我：「你知道嗎？我在外面走的時候，看到枯萎的植物或是很久沒被照顧的植物，都會在內心裡想要澆點水，或是往前移動一點讓他曬到太陽，希望好一點的事情會發生。」

龍舌蘭：「這就是你、就是你照顧家人的方式吧。」

我：「是吧？雖然不能全部都很好，總是希望有機會更好一點啊。」

龍舌蘭：「再好再壞，我們都是原本的自己吧！」

我笑了，也不太知道自己懂了還是不懂。

龍舌蘭依舊穩重地坐落在角落。

我：「你是不是家人，你都是龍舌蘭，好！」

龍舌蘭：「你是不是雨，都會給我水，那就是你的魔法。」

我笑了，我沒有聽到龍舌蘭的笑聲，只是正好下了一陣小雨，我們一起被打濕，那一刻，我們一起覺得很舒服，水潤滑了一些我們的距離吧。

：：小後記

家人……對你來說又是什麼樣的存在呢？你會怎樣介紹自己的家人呢？想起有一些人對家裡的植物如數家珍，有一些則是在森林有自己的樹，有些則是想辦法讓世界更綠一點，那麼，對他們來說……植物是他們的家人嗎？

06

怪異的森林

看到照片的時候，瞬間有種被吸入的感受，跟著那些飄散的藤蔓，一起在微風中享受跟彼此的接觸，感受自己的同根生。

樹：「我沒有你想的那麼長唷。」

我：「但是看起來你好壯大唷。」

樹：「我喜歡你說這個字：『壯大』，那我把今天的陽光分你。」

然後我被藤蔓托著，慢慢放到樹下，地上還有些植物，有些苔蘚或是地衣，也有一些小樹苗，看上去不算太有精神，草矮矮的綠綠的，離樹蔭比較遠的範圍，葉子比較大，我一邊看著比較大的葉片，一邊聽樹跟我講話。

樹：「現在比較可以分陽光給你了，之前我葉子發得很茂盛，現在又有點縫隙了，風穿過也很舒服，你有被風穿過嗎？」

我：「有，昨天也吹了很久的風，也讓風穿透自己，讓自己到很遠的地方去。」

樹：「嗯，我覺得你是一個很寬的人。」

我：「哈哈哈哈哈，謝謝你，我喜歡當個通道。」

樹：「你一直在看大片的葉子，你喜歡他們嗎？」

我：「葉子我都喜歡，不是葉子、我也喜歡。」

樹：「花呢？」

我：「我有發現，我會注意到花，但是我喜歡的花形滿統一的，從小到現在喜歡的都差不多。」

我把我喜歡的花傳給他看，有些他見過，有些不知道，然後他讓藤蔓指引我，離他不遠的地方，有橘色我喜歡的花，他說我應該自己去看看的，樹傳了遠遠的畫面給我，我看到橘色的百合，心中覺得離奇，不過，全當作是種下一個種子吧，這山、有天我是該去的。

樹：「葉子，你有喜歡的形狀嗎？」

我：「好像沒有不喜歡的形狀，什麼樣子都可以吸引我，如果可以摸得到，我大概都會摸一下。有時候在都市的路上，只有一片葉子，我會忍不住看很久，想說是哪裡飄來的，為什麼他會在這裡，我會花點時間找，找他的來處，不過在都市這種森林，葉子或是說植物長得很稀落，有些地方會長得很像森林，過於整齊的森林啦……」

我一邊把公園的樣子傳給他，樹覺得不以為然，但是他有興趣，聽我說都市這種異樣的森林，督促我繼續說下去，看著他搖晃的樹影，我才發現我的鼻子上有隻蝸牛，也用著觸角對著我看。

我：「還有一種森林，通常會長在通道裡，我覺得那樣的地區都很有趣，那種森林是一條一條的，然後每一層都會長完全不一樣的植物，但是通常會住著差不多的動物。」

樹聽得迷糊，我把城市中的老公寓傳給他看，並同時傳給他看，我看到的流浪貓走在一樓的牆垣，而二三樓傳出不一樣的狗聲，每一層的欄杆或多或少都會蔓出一點枝枒，有些已經僵成土了，有些則是不分季節的燦爛。樹看得驚訝，他說同樣是樹，怎麼覺得他們需要的跟他不一樣。

我跟他分享我在都市中的兩個秘密景點，讓他看那些樹跟盆栽。

樹：「他們為什麼有些這麼壯，有些已經不想活很久了呢？」

我：「因為照顧有差吧……有些人帶植物回家，是想要跟植物一起生活，但是有些人可能不知道，自己為什麼要跟植物生活，就這樣放著，放到自己也忘記了吧……也有可能是別人給的，他根本不知道該怎麼辦，別說照顧了，連植物放在眼前都想不起來吧。」

樹：「嗯……有些樹確實散發著、不知道該怎麼活的氣息，好像連抓土都不會的感覺，太不像樹了。」

我們一起審視那些巷弄，然後來回看著，他嘟囔了幾句，我隱約聽到他說：「狗住得比貓高，這森林太奇怪了。」

我：「你還想聽都市森林的事情嗎？」

樹沒有動，我微微轉身，看見稍遠的地方，有幾隻小眼睛在看著我，我試著散發出安定的訊息，那些小眼睛沒有靠近，但是也沒有遠離，然後開始滴滴答答地下雨，雨下得若有似無，小眼睛也逐漸散去，蝸牛倒是已經爬到我的腳底了。

雨水落到他身上，再滴下來，我試著發出滴滴答答的聲音，樹笑了。

樹：「你會想當樹嗎？」

我：「會啊，而且我覺得我當過樹。我覺得每個人都當過樹。」

樹：「你覺得自己是什麼樣的樹呢？」

我：「我唷……我可能當過很多種唷！有當過那種被動物的掌壓過好幾次的樹苗，被啃過的小樹，被風吹折的樹，可能只當過一次像你這樣的樹，但是我覺得我好像是柳樹，依水而生，不知道為什麼就是這樣的感覺。」

我把我當樹的感覺，傳給他，讓他一一理解我在生活中得到感應的片刻，他覺得有趣，但是沒有很親近的感覺。他頓了頓，才繼續說話。

樹：「我是這輩子才當樹，當了好長一陣子，這裡的樹很多，有些樹連我都沒見過，但是我們有地方是相連的，長長地直直往天空探去，在分開的同時，我們相連的地方反而更緊密。」我問他是根部相連嗎？他只是笑笑，總覺得相連的是更大的東西，且待來日體會吧。

樹：「陽光不斷閃耀我身體的每處，有時候為了追雨水，我也會繼續延展，風有時候幫我有時候阻礙我，加上我喜歡到處張望，所以也裂掉過幾次，也長出不一樣的方向，也讓別的植物長到我身上……剛開始，我不理解他們的意思，後來我理解那種牽連的感覺，看一段關係看很久，好像有點懂，他為什麼需要我，即便我不需要他。」

我試著再三咀嚼這段觸動我的話，一邊感受他跟藤蔓輕撫我，待我回神，我已經在家裡，貓聞著我身上不一樣的味道，問我跑去了哪裡。

∴

小後記

這片森林對我來說，一直有種迷離的氣氛，每次進去好像都是進去魔法森林的感覺，但是實際上我知道他離都市可能不遠，他像是麥田捕手一樣守著森林，抵禦著人類的入侵，他們會有自己的乙事主嗎？希望樹會願意告訴我。

07

今天的風

突然下起雨，一段一段的，很多落葉圓圓地被吹起，像是很多漩渦在空中翻騰，我跟貓一起看獃了，樹跟我們聊天起來。

樹：「你看到什麼？」

我：「很多葉子飛了起來，舊舊的那種葉子。」

樹：「還有呢？」

我：「圓圓的風，帶著葉子，濕濕的雨，在動的你們，山。」

樹：「今天的風，不是昨天的風，你看到的是一樣的啊……」

我一下子說不出個所以然，吶吶地說聲：「嗯。」

樹：「你看到舊舊的，人也會舊舊的。」

我笑了，貓只是翻了一個身。

小後記：

本來還打算說，昨天風比較溫暖，今天比較涼一點，但是這樣聽起來是在說太陽，總之腦袋轉了一些想法，後來就只是繼續吹風，想說如果跟樹一樣不會動，會不會跟樹一樣可以看到不一樣的現在，你們也可以試試看唷！

08

你是有用的人嗎？

「你知道，我很好吃嗎？」

「我有吃過你的同類，但是，我不確定，我是不是吃到你本人。」

「不是現在也是以前，一定有吃過啦。」

「可能啦～畢竟我在當人之前在當什麼，我也不知道。」

「你吃我哪裡？」

「應該是吃你果實榨出來的油。」

「喔……大家都吃那裡，其實我其他的地方也可以吃，我整個都可以吃，以前的大家都知道，現在人都不知道了，就等我結果實才吃，照顧我很久才用我一下下，其實我真的很好吃，我全部都很好吃。」

我花點時間想想，我知道橄欖樹的其他用途嗎？我好像也說不出芬多精很棒棒的話，我靠著他沉默了一會，我在想，如果說他很美，他會覺得自己很有用嗎？不過我選擇用他的邏輯繼續問⋯⋯

「你很在意自己好不好吃嗎？」

「在意？當然在意啊！我是一個有用的樹啊！所以當然是希望全部，我的全部，都可以被使用啊。你知道，當初這邊有多少個我，現在剩下一個我，我們不管是以前還是現在，都是提供營養的啊，連風都喜歡我啊！你不喜歡嗎？」

說實在的，我不確定自己是否是個喜歡橄欖油的人，但是我知道橄欖油對人對貓對狗都很不錯，可以應用的範圍很大，但是我喜歡嗎？

橄欖樹好像發現我的遲疑……

「欸……我剛都沒想到問你，你是有用的人嗎？」

「蛤？」

我認真思考了一下，我是一個有用的人嗎？

「我還好捏，說真的，我其實不太有用，很多東西都跟不上別人的，身體也不特別好，所以我估計自己大概也不太好吃，而且都一直吃別的動物、別的植物、礦物多少吃過一點吧，都是依賴其他生產者，自己沒有什麼付出。」

「你真的沒什麼用，我也吃過別的人、別的動物跟植物。」

「蛤？你說什麼！你吃人？你直接吃嗎？什麼你不是樹，你是妖怪嗎？你樹妖啊？我溝通到什麼了啊？你……直接吃嗎？」

「妖怪？直接吃就是妖怪，你們人類才是妖怪吧？你們什麼都直接吃，用你的說法你才是妖怪吧！」

「哈哈哈哈哈哈哈哈哈！」瞬間剛才一邊覺得驚心的雞皮疙瘩，恢復本來的平整，當一個溝通者，驚嚇跟驚豔真的是一瞬間。

「你說得好對捏，但是你到底怎麼吃的啦？」我一邊傳出我在各種電影上看到的樹變形吃人的畫面，還包覆了一隻豬吞進去樹幹裡，或是拔出樹根抓住一個獾，還是用樹葉包住了鳥，然後畫面中羽毛紛飛⋯⋯

「你認識的樹也太可怕了吧？」不知道為什麼，我覺得樹也跟著起了樹皮疙瘩。

「你那個是什麼樹啊？我認識的樹不是這樣的，他們是誰啊？」

「他們是電視的樹。」

「我們樹都可以互相聯繫，我不認識他們，他們住在哪裡啊？他們的土壤是什麼顏色啊？」

「他們住在黑色的盒子裡，土壤應該是紅黃藍三色。」

「這什麼樹啊？真是太奇怪了！我真的不認識！」

實在也不知道，應該要怎麼跟他解釋那樣的樹，都是人類的恐怖電影想出來的，只好快點繞回本來的話題。

「所以你到底怎麼吃人的啊？」

「這邊死過人，也死過動物啊，大家都會死到土裡啊，我每天都會吃土，一定吃得到啊！」

「哈哈！嚇死人！我還以為你真的拿起來吃，想說也太驚人了！」

「你說的電視樹才太驚樹啦，而且你們人類哪有那麼好嚇到；我在這邊這麼久了，都是我們被人類嚇到，像是剛才也被你嚇到……不過……嚇到的樹不會死，嚇到的人可能會死，死不了的，有時候還會自己來找死，我就是這樣吃了好幾個人。」

「人好吃嗎？」

「好吃嗎？好吃吧，我也不是馬上就吃到，但是有死人的時候，我都可以長壯一點，果實多一點，我想應該是好吃的吧。但是你這個沒用的人，你知道嗎？有時候死人多一點，我就長多一點耶，但是也沒人來吃，所以你說好吃嗎？其實我不知道，如果我很好吃，為什麼人都不來呢？我不好吃嗎？」

我在想，他說的狀況，是不是戰爭呢？

「那時候，我好多的果實都會掉到地上，然後我只好自己再吃掉，我吃到的永遠都是土地吃過才是我的，我好吃嗎？我就是不知道才會想問你，我好吃嗎？因為你們人類吃我這麼久了。」

感覺到他有點失望，我應該怎樣安慰樹呢？有用的樹也會有這樣的心思啊，真的是好奇妙。

「我不知道該說你很環保，還是說你很會吃，不過我想人類會一直吃，你一定是好吃的，你真的是很有用的樹。」

橄欖樹笑了，輕輕晃動他的樹葉，這是一棵在都市裡的樹，我其實不太聞得到他的味道，但是我知道他很老了，每年都還是很認真地結果，歡騰慶賀自己的有用。

「欸！沒用的人！」

「恩。」

「你剛說一個東西，我不懂，你跟我解釋一下，好嗎？」

「可以啊，如果我懂的話。」

「你說的話，你自己不懂，怎麼會說出來，你真的是沒用的人類。」

「哈哈哈哈哈哈，你真的好有道理。」

「你剛說『我很環保』，那是什麼意思？」

「你不知道？」

「我最近開始有聽到這個字，但是我還不是太懂這個字是什麼意思，你可以說給我聽嗎？」

「環保，是『環境保護』的簡稱，意思是說要人類做對環境有幫助的事情，避免傷害環境內的一切存有。」

「這樣聽起來，好不像人類唷。人有不傷人的嗎？你們明明都小小的，但是很多的時候，都習慣先拿好多的東西走，這裡有些樹還沒死，就被你們吸收了，你們真的不想傷害我們嗎？你們人這種生物很習慣掠奪吧？雖然我也被人好好地照顧過，但是多數的人跟其他動物不太一樣，會拿很多東西放著，都拿自己『想要的』但是不是你們『需要的』，你們不就是這樣的生物嗎？你們會照顧其他的生物嗎？」

「你不是也有被人照顧過，人有時候會照顧別人、照顧別的生物啊。」

其實不是回得理直氣壯，聲音弱弱的，想起昨天晚上沒吃完的食物，我確實是拿了我想要的，而不是我需要的。

「你們需要我，所以你們照顧我啊。這是交換，不是照顧啊。」

「你這樣講也對啦，其實今天講話都嘛你對，但是現在有些人類就是想做一點對環境只照顧，但是不交換的事情啦。」

「可是我想要被交換啊！你們不拿果實走，我就會變老，我想要一直年輕地長果實，這樣交換才是保護我。」

「每一個生物，需要的保護真的都不一樣啊。」我默默地想著。

我們一起吹了會兒有點熱的風，空氣中有點汽油味，我原本想問他喜歡這樣的味道嗎？想想，覺得這個問題實在有夠傻氣的。

「你知道嗎？很多生物已經少到『不能交換』，甚至也活不下去了，少了特定的樹、特定的蟲或是特定的動物就消失了，不是什麼東西都可以吃，不是什麼想要都可以拿到的啊。」我愈說愈小聲⋯⋯

「為什麼會這樣啊？我沒離開過這裡，我記得這裡以前很多很多很多樹，不是只有我這種樹、現在剩下的樹也很少，剩下比較多我這種樹，有些時候⋯⋯我會感受到我大片的樹朋友不見了，但是我還活著啊，因為我還活著，而且活了很久，我想說繼續等他們，也許有天他們會再回應我⋯⋯」

我想起了一些被人類開發的森林，他們會跟橄欖樹一樣，希望自己有用嗎？

「為什麼大家都會消失呢？我消失的果實可以回到土地，那些消失的聲音，有回到土地嗎？」

我想到建築物的木樑柱，但是我並沒有傳遞出什麼。

「我不知道。」

「樹也不知道。」

小後記：

聊天過後很久，樹還在大片大片地消失，我一樣無法回應他，關於想要跟需要，只能吶吶地問他，今年果實好嗎？他一樣問我想吃嗎？會想要自己來撿拾他的果實嗎？有一天會死在他的腳下嗎？會變成他嗎？而……他想知道我這種會跟樹講的話的人，吃起來會不會跟其他的人不一樣嗎？

09

我的小孩也想要長大

走在園區，樹木們整齊迎賓的狀態，在雨的輕拍下，有種不自然的緊張，有些樹在抓抓自己的根，有些樹在撫平自己的樹皮，有些樹兀自生長，這是一個限制人數的園區，走在樹比人多的地方，身上僵黃的雨衣，跟樹根底下的藍色塑膠布一樣醒目。

樹看著我，我靜靜地想要傾聽他的聲音，他只讓雨順著樹根帶著我走，他讓雨滴順著他葉子的空隙打入我的眼睛，並不太痛，只是看不太清楚，感覺感官被縮小，但是又感覺到身體被放大，跟著樹一起接受雨的浸潤……

「我也希望我的小孩長大，但是他們不是我的小孩。」

旁邊的樹，跟魚鱗一樣的整齊，山坡的弧度跟魚的曲線一樣張開，鱗片變成樹叢，縫隙是泥土，這時候還有些小苗小草，等樹大了一點，這裡會變成更像土地的顏色吧。

「他們是那些離開的樹，遺留下來的小孩，人類怎麼說他們呢？」

「『遺腹子』？就是爸爸不見了，剩小孩在媽媽的肚子裡。」

「哈哈哈哈哈，真是有趣的說法，這些孩子的母樹，只是被帶走，人們將搜集起來的種子，帶到另一個山頭，把他們一個個整齊地排列

種下。你們不相信風的排列，相信自己的手，一如你們相信筆直的樹，只會長出筆直的苗。太陽不是這樣照料我們的，而你們卻堅信自己的手，比太陽跟風還有力量。」

「如果你問我，我不會這樣說，因為我知道我滿小的，連你的一根枝枒，都未必握得起來，我沒見過那些筆直的樹，但是確實，人類的標準應該是、往那些很直很均勻的樹去砍伐，因為我們只想到管理上的便利。」我看著有點彎曲的他，緩慢地說。

「你喜歡筆直的樹嗎？」

「我不知道喜不喜歡，因為我沒見過，不過我喜歡你。」

「你知道筆直的樹，有點慢，特別硬，有時候活不下去嗎？」

「什麼意思？」

「在我身上彎彎的這幾個曲線，我們這幾個老朋友會問問對方，記得那是怎樣的陽光拉出來的扭曲嗎？而這時候，筆直的樹只是聽著，因為他們滿腦子的陽光，然後就只想往上長，他們只喜歡陽光，喜歡到忘記自己是棵樹，只想成為陽光。」

我試著理解那種專注到融化的感覺，但是此刻的陽光很濕，有種不太令生物振奮的感覺。

「那種樹有點好笑，當我們這些歪七扭八的樹看見鳥的時候，他們是黃色的，他們往太陽不斷地蔓延，只想把自己的綠色變成黃色，只當一棵樹；當我們看見其他攀藤植物纏繞的時候，他只想長得更硬挺，讓對方沒有機會接近，問他盡頭是哪裡，他只說『我還沒碰到太陽。』」

「不知道為什麼，我覺得那樣很美，很燦爛的感覺。」

「你知道，太陽不用整日都很燦爛，我們一樣可以生長嗎？他是太陽，我們是樹啊。」

「我知道，只是我好像可以理解……那種執著的傻氣，對你來說，無論如何繼續生長是你的本能，但是也許對那些筆直的樹來說，成為一棵靠近太陽的樹，或是說挺拔的樹的想法，我可以理解的。因為我是『人』，人這種生物好像不會甘願就好，不會好就好，好就要更好，活下去就要活成某一種『我想要成為』的樣子，就算、我只是個人而已。」

「我們樹也有像你這樣的人啊，可能我們是相通的吧？」

「一種無法停止長大繁衍的狀況是一樣的吧！」

「我也希望我的小孩長大。」

「我沒有人類的小孩，我只希望我的動物小孩健康，然後平安地死去就好。」

「我很多小孩也比我先死去。」

有種安靜浮上來，不太沉重只是靜謐著。

「我的小孩很容易死，我以前也是死很多次，很多時候等待自己死亡跟等著自己活過來是一樣的。」

我的呼吸有點渾濁，感覺他把他所經歷的感受一點一滴地傳遞給我，一呼連結一吸，卡著很多凝滯的塊狀，不太痛苦的感覺，只是很綿密很漫長的感受。

我看著腳下的泥土，我知道眼前的咖啡色，以前是綠的、黃的、白的、紫色的、甚至可能是粉紅色，樹安然地接受自己不斷長出枝葉或是伸根，或是歷經多時而化育成種子。但種子是完整的脫離母體的成長，每一次別離都是生死的冒險，母樹留下傷口，等待時間痊癒，可能在這之間也被病毒攻擊受傷；而種子隨風飄散到土地上，若是那裡沒有瑣碎的陽光，可能還沒體會到發育就安靜地死去。我在想，此刻卡在我胸口蔓延的硬塊，是不是他每天經歷的日常。

「我知道有天，我會變成我的小孩，我的小孩會變成新的小孩，我跟他們一起活著的時候，彼此會不斷分離再融合，即便是如此，我知道他就是他，我就是我，他是從我身上分出來的一塊。我也希望我的小孩長大，看到跟我一樣的風景，歪一點也好，如果他願意從我身上離開，掙扎地活下去，我是這樣希望他也可以變成另一棵樹，這裡的樹愈多，山就會笑。」

「這些直直樹不行嗎？」

「不行的樹早就死了……死在我的腳邊了。」

「跟你又在一起，是嗎？」

歪歪的樹笑了。

……小後記

特別去一個園區看樹，只是因為看到樹的照片，覺得很想親自跟他們聊聊，開了很久的車，到達園區，樹當然不算熱情，但也是有問有答的。下雨稀釋了人群，樹引導我看著他身體一個個的迴圈，問我身上有沒有一樣的圓。

10 沒見過死人的樹

有空的時候，總是會走到花園等樹理我，有時候也會對他們拋出一點問題，安靜的時候很多，不過有些時候會突然得到回應，有時候我自己沒注意他們在回答，貓咪也會提醒我，鳥有時候也會說上兩句，老讓我有種君子之交淡如水的感受，不過也有他們主動來找我的時候，像是今天……

大樹：「你很愛跟我們講話。」

我：「對啊，我好喜歡你們。」

大樹：「你要跟我聊聊嗎？我看你對昆蟲好困惑。」

我：「真的！被你發現了！」

大樹：「為什麼呢？」

我：「我覺得他們講話都好急唷，而且常常都很兇，我不太知道，是不是跟我講話讓他們生氣，還是他們覺得人類很討厭，我拿捏不出一個聊天的氛圍。」

大樹：「你覺得，他們為什麼這樣呢？」

我：「我認真地思考過後，覺得是因為生命週期太短，所以可能會覺得跟我講話很浪費時間吧！」

大樹：「你的生命很長嗎？」

我：「可能沒有你那麼長？」

大樹：「確實我也還沒看過死人。」

我：「哈哈哈哈哈，你這樣講會讓我覺得，這區治安很好！」
大樹：「但是會死的、就是會死啊。」
我：「也對啦。」

聽一棵樹說沒看過死人，真的會笑出來！但他還是沒跟我說，為什麼昆蟲多數都很兇，我想這就是植物的節奏吧。

……小後記

這是初期聊天的紀錄，那時候真的很王昭君苦守寒窯十八年的感覺，常常邊喝水邊在窗邊跟貓一起曬太陽，等植物回話，有時貓咪已經聊很久了，我還在等一個答案，但是後來明白了對談的頻率，就變成大家常常一起喝下午茶的感覺，與其說親近不如說一體吧。

11 蟲與葉

突然發現荷葉上有很多白化的狀況，葉片開始如同蟬翼般透明，但是他們不會飛，只會開始變黃枯萎，而這樣的情況大概只花兩個晚上，我正納悶為什麼會突然這樣，靠近水盆翻開一看……荷葉的背後充滿了密密麻麻的蟲，我想密集恐懼症的人看了應該會……但是因為我也不是天天都可以遇到這麼多的蟲兒，所以我就開始狂搭訕他們。

我：「哈囉？」

沒蟲理我，我又不死心地用各種方式搭訕，終於有蟲理我。

我：「哈囉？你們好啊！」

一蟲微微動了一下。

我：「哈囉？你們好啊，可以聊聊天嗎？」

一蟲翻了一下，一蟲回頭看我（的方向）。

一蟲：「你好大聲。」

我：「你們一直吃捏，荷葉很累捏。」

有幾條蟲蟲，好像因為聽到「吃」這個字，又開始吃了起來～

蟲：「分你吃啊。」

我：「不用，不用啦！我是說你們吃好多，要問問荷葉啊。」

蟲傳出不懷好意的笑聲……

我：「為什麼笑啊？」

蟲：「我要吃、還要問食物，啊～我長大還要問我自己『要不要長大嗎？』我們就是要長大啊，不然我生出來幹嘛？」

我一獃。

蟲：「餓就分你啦，但是你看起來好大，不要吃太快，不然吃完就沒了。」

面對蟲突如其來的友善，我也荒謬地腳軟，不知道該如何回答。

但我又想著，這是我養的荷花，也不該這樣給他們吃吧？而且他們就這樣沒來由地出現了，看著他們邊睡邊吃，確實一眠大一寸，雖然好像是件好事情，但我有種幫別人養小孩的錯覺，而我自己的小孩益發衰弱。

過了一日，白化的狀況益發嚴重，雖然看起來很美，實際問荷葉的感覺，其實很像在發炎……

我：「需要我幫忙嗎？」

荷葉：「昨天的風跟雨帶走一些蟲了，不過因為下面的魚還在游著，如果我們都被吃了，魚會曬死，就無法唱歌給我們聽，你今天晚上，把我們剪一剪吧。」

我：「把沒有葉面的都剪掉嗎？」

荷葉：「對啊，少了我們，新生的葉子會快一點，這個夏天太反覆，誰都想要早點出來見見世面啊。」

聽到這個消息，我也跟蟲說，我要把你們移到後山了唷。

蟲：「喔！這樣啊，確實這裡也沒東西吃了，但是我們還想長大。」

我：「那你們可以爬集中一點嗎？其實我有點怕蟲。」

蟲：「哈哈哈哈哈，你這麼大也怕？」

我：「你們這麼小還不是吃這麼多！」

蟲默了一下：「你說的也有道理。」

傍晚微風，蟲少了一些，都集中到葉背，在莖上的、也在好處理的位置，我一一剪下，聽到荷葉輕聲嘆息跟新荷葉淡淡的笑聲。

這個夏天，發生好多變化啊。

：：小後記

與其說那個夏天變化很多，不如說這幾年都是到了季節的尾端變化更多，我一邊觀察動物的反應，也觀察環境的改變，有時候會覺得有點憤怒的感受，輕輕摸著乾瘦的荷葉桿子，一樣是平靜的感受，也就慢慢地降溫了，荷花啊～總給我溫柔的水氣。

12 死生一體

立秋剛過，這個激烈的夏氣尚未結束，陽台的家園有幾盆植物，密集地被螞蟻攻擊，從根部爛起，我看在眼裡很辛苦，我也覺得很痛，這個晚上，我們又聊了起來……

我：「真的不用處理嗎？」

薛荔：「你是說處理螞蟻嗎？」

我：「對啊。」

薛荔：「你說的處理，是你之前說的殺死他們嗎？」

我：「對啊，但我又覺得這樣很不對啊，為了讓你們活下來，殺死他們，這樣很奇怪啊，啊啊啊！」

我自己講得很有情緒，薜荔倒是很冷靜。

薜荔：「你知道他們死了，就活不過了來了，所以你很掙扎。」

我：「對啊！」

薜荔：「你真的很常一邊怕、一邊做事情呢！」

我：「蛤？」

薜荔：「你常常都怕這裡出現的蟲，一邊發抖一邊給水果啊，放點葉子啊，然後還說『謝謝你們來跟我結善緣』，但是你很害怕。」

我：「哈哈哈哈哈哈，真的捏，我會怕蟲啊！」

一邊覺得自己好笑的模樣，被發現有點丟臉，但是跟著植物一起笑的感覺，又覺得好甜蜜，我真是一個奇怪的人。

薛荔：「我不怕，你懂嗎？我們（植物）跟你們（動物&昆蟲）不一樣，我們『死生一體』啊，我這裡死了幾片葉子的時候，我還是活著，我這邊生長出一點根的時候，我的莖已經枯死幾條，我活著已經在死掉，而我死著的時候也是活著的啊。」

我靜靜思考他說的，風帶著薛荔輕撫著我的手，我的臉。

薛荔：「你感覺得出來，我新生的葉子跟等下就要墜地的葉子，有什麼不同嗎？」

我：「好像可以分得出來，又好像分不太出來。」

薛荔：「那就是我們對生長跟死亡的感覺。」

我不自覺地笑了，可能是因為我稍微明白了一些，這輩子雖然還在活著，我一定也死過很多次了。

薛荔：「我們都是循環著，你把活著想成終點，死亡、當然在你的理解中就只是停止，我活著不是為了等死，我活著只是感受活著。在我喜歡的那一天，雨可能淹沒我，我還是在喜歡的那一天啊，我喜歡的那天有太陽，有月亮，也有那天太多、多到將我淹沒的雨，我還是喜歡啊！」

我：「所以你不太懂我抖抖地做那些事情的感覺，對不對？」

薛荔：「因為當我抖的時候，是風在動，不是我在動啊。」

我：「是我在痛，不是你在抖。」

薛荔：「你學我講話，你很好笑，你抖就是害怕又不是痛，你在裝什麼？」

我：「那我就跟螞蟻說，我拿點其他的東西給他們吃，他們別老吃你，好不好？」

薛荔：「你想做就做啊，因為你也知道螞蟻他們很難勸又愛吃！」
我的笑聲傳到樓上，大概今天又是讓鄰居覺得莫名的一天，但是今天也是我喜歡的一天。

小後記：

一陣子家裡就會突然出現毛毛蟲大軍或螞蟻大軍，每次問他們從哪裡來，都得到很迷離的答案，我都歸結到那是因為我是路痴，人家講得很清楚，我聽得還是很迷糊。薛荔常常在聽我們講話的時候，覺得我很傻，是家裡比較會笑我的植物，也是最常跟春花講話的植物。他有句老跟春花說的話是：「我們沒有死，都是因為你提醒他要澆水。」但有時候我去澆水，他們又覺得我很多餘……

13 最後的永恆嗎？

夏日酷暑的熱氣已經無法渲染到晚上，但是忙碌的生活還是雜沓地前行，很久沒有在晚上的時光，在陽台的小花園裡跟植物好好聊天，等到發現的時候，最後一朵荷花的花瓣也開始乾枯凋落了，我坐在他旁邊，晚風已經從涼爽變成帶有寒氣。

我：「你會覺得冷嗎？」

荷花：「會啊，你呢？」

我拉緊脖子上的圍巾，說：「會啊，滿冷的，所以想說浸泡在水裡

的你們，應該覺得更冷吧？」

荷花：「每回、我們都是這樣的吧，我等到今年才開花，之前也都是泡在水裡，等自己一層一層地變完整，然後再開花，冷讓我們想要藏好睡覺，熱有時候如果過頭，反而我們就停止生長了。」

我一邊想著他的話，想起今年確實有一株荷花都已經結成花苞，後來卻乾枯掉了，夏陽太焰，也不是每一種生長都會得到順行，我輕撫水面，冷冷的感覺傳來，荷花輕輕搖曳。

我：「我總是覺得你們會冷，冷到會死掉這樣，但是其實你們不是死掉，是休養或是一種類似冬眠的概念，有時候我還是把植物當成生物想像，忘了你們的習慣跟我們不一樣。」

荷花又掉下了一片花瓣，漂在水面，沒有水珠滑行，如同一艘空空的小船。

我問荷花：「你是今年最後一朵荷花嗎？」

荷花：「最後？」

我：「恩，最後。」

荷花：「最後是什麼意思？」

我：「就是最後一朵，你是最後開花的，最後才出現，你之後、就沒花會出現了。」

荷花的花瓣跟著風又盛開了一點：「聽你這樣說，你說的『最後』，好像是『永恆』唷。」

其實聽不太懂，不知道為什麼，但我們一起停止了交談，讓風吹著。

……小後記

荷花最後當然還是謝了，如同每年的荷花一樣，我收拾落在水面上的花瓣，一邊哼著植物的歌，黃黃的蓮蓬也發出低低的聲音說：「這次你就不怕看不見我們了？」我笑了，說：「對啊，下次見，對嗎？」

「嗯。」這是很多植物一起回答的聲音。

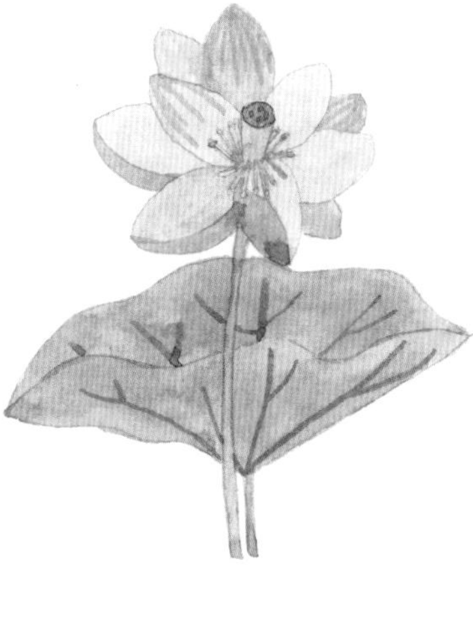

14

古老的蓮花種子

我：「天啊，你這麼老，這麼老了，你還生得出來，那你還記得你之前的事情嗎？活這麼久是什麼感覺？」

蓮花：「我才剛醒來，你在說什麼啊。」

……小後記

因為我自己很喜歡荷花，所以我後來常跟他聊天，這是一位古老的蓮花種子，再度與他聊天，他已經變成很多荷花，也已經分散到不同的地方，當我再次問他醒來是什麼感覺？

他淡淡地說土熱了一點，水濃了一點，也有他沒看過的植物，但是對於時間的流逝，他只說：「喔，是嗎？」

15 要說謝謝啊

國中開始住的家，都靠著山，自己搬出來，也是在春花的指揮下、選擇靠山的房子。開始養狗後，會帶著甜甜圈沿著山邊的路走，後來心血來潮會自己去走山路看看，學了溝通之後，因為可以邊講話，每次入山，常常都是愈走愈進去……

因為家面著溪，一直很想走到溪水旁邊去看我家長什麼樣子，帶著年老的甜甜圈不太方便，一天帶著他散步完，自己又回到路口，沿著沒人住的房子，順手揀了幾個垃圾，走進去……

第一個轉彎，遇到一個明顯被颱風處理過的樹，泰半的樹根裸露在外面，是用一種邊延伸邊拉筋的方式在生長，身上還有一堆藤蔓，藤蔓之於他是幫忙支持也幫忙加壓，我忍不住問他：「還好嗎？」然後將一些土往他的腳邊堆。

「你不快點過去？」

「蛤？為什麼？」

「大家都很怕我壓到他們，大家都會很快地走過去。」

我再仔細看看他的姿態，「但是你應該不會倒吧，你在土裡的根都很粗壯，應該抓土抓得很牢吧！」樹只是笑了。

藤蔓抓抓我的頭。「而且藤蔓也幫忙抓了很多地方，還抓了隔壁的樹。」

「但是也很重啊。」樹說。

「到底你們是怎樣的關係呢？」

「沒有關係。」樹說。

「有關係。」藤蔓說。

「你是自己來，自己長的。」

「沒有你，我長不下去！」

「不是我，你也可以繼續長。」

「你長好，我就可以長更好。」語氣中有種對話八萬次的感覺，我輕輕點頭當作示意，慢慢繼續往前走。

沿著小小的水溝，看到一些落葉跟淺淺的綠苔，一部分的石頭有被移動的痕跡，苔的痕跡也形成斷裂，我一邊想著要不要放回去……

「不用啊，哪裡我們都可以長。」

聽到他們的話，我就持續往前。

突然開闊的視野，是被開發的田地，現在看不出來種什麼……只是有一些被推倒的竹子逐漸在枯黃中，我走過去看著他們還連在地上的根……

「那個，你們還好嗎？」

「你也要來砍我嗎？」

「不是，我只是來看看的，才發現這邊有農田。」

「你沒有要來弄我，那你可以把水靠我近一點嗎？」我把流著細細的水的水管轉向他這邊，用石頭固定住，希望可以讓他喝久一點，雖然一方面也很希望可以把水關掉，因為覺得很浪費。

嚴嚴實實地把石頭壓好，固定的水管，不知道可以撐多久，希望農田的主人不要太早發現，地上的竹子沒有什麼力氣理我，還沒被砍的竹子兀自綠著，也沒有對於水的轉向表示開心，我繼續向前。

眼前突然出現櫻花跟梅花，櫻花還在含苞，梅花倒是開起花來，在這片開墾的農田真的是奇怪的存在……

「我們是被搬過來的，他們還會搬更多過來。」

「蛤？」

「你們是被搬過來，所以你們不是本來長在這裡的啊？」

「對。」

「為什麼啊？」

「不知道。」

「那你們適應得還好嗎？習慣這裡嗎？我們這裡比較冷。」

「這裡不冷，這裡比較熱。」梅花穩穩地回答事情。

「而且你們把我們放太近了。」櫻花突然開口。

眼前的兩株樹，真的很近，大約只隔著我一個手臂的距離，我大概可以想像他們的根有錯落交織。

「這個……那個……那我可以幫忙什麼啊？」我不安地問道。

「你要把我們挖出來嗎？」梅花的口氣變得有點僵硬。

我慌忙回答：「不行啦，我根本不知道這裡是誰的，如果我突然挖地，一來我不知道會不會把你們用受傷，二來我應該會被說偷東西！大概就會被其他人抓走！」

櫻花很驚訝地說：「所以你也會被抓走？」

梅花：「你知道我們會受傷？」

「我當然知道你們會受傷啊，如果就這樣把你們從土裡拔出來，誰都會受傷吧！」梅花更驚訝的表示，「那你當初幹嘛、就隨便把我們的根都用斷！」

「不是我啦，是其他的人類啦！」我急忙回應著，並且同時對櫻花說：

「我如果把你們拿起來，我就會被這裡的人抓走唷。」

我實在不知道對樹說明產權的概念，是不是好主意。

「那為什麼？我們當初被抓來這裡的時候，我們那邊的人不會抓那些把我們帶走的人？」

我實在也不知道，如何跟他們說明買賣樹木是怎樣的運作過程。只好很害羞地問……

「有沒有其他不用動泥土的方式，可以幫到你們什麼嗎？」

「不用你的幫忙啊。」兩株樹同時說，我輕輕嘆了一口氣，說了聲掰掰繼續向前。

一點都不知道，是不是真的往溪水的方向前進，但是看樹跟草逐漸長回原來的密度，土壤也愈來愈濕，對照建築物的方向，跟疑似一點點蛙鳴，我假設自己是對的。

開始要手腳並用地撥開一些樹葉，有時候他們會叫我蹲下，有時候他們讓我輕輕推開他們，然後就遇到同時叫我蹲下跟讓我撥開的樹葉，於是我就打滑了，一路滑下去，好險卡在一根很粗的藤蔓中間，我太重又太突然了，兩邊的樹都動了一下，我慌忙地站起來道歉，樹說：

「你好常說對不起。」我笑了。

天牛停在我的鼻尖：「水在前面啦，不要再跌倒了啦，你剛剛差點壓到我。」說完飛走，我往他的方向看，源頭的水流著，我往水的方向前進。

一路撥開很多小樹，大概是因為天氣還冷著，大家發育得很小心，還可以清楚地看見地面，黃黃的泥土，被水一沖，總是帶走一些，這裡的坡地也是一塊一塊的，以前的溪會不會更大呢？

我沿著溪水走，輪流踏著石頭在水中上下，避免在青苔上留下太明顯的痕跡，爬到溪水中的大石頭，果然可以看見我家，春花在窗口看我，「找到了啊？」

「找到了。」

「有跟大家說謝謝嗎？」
「好像一直在說對不起。」
「要說謝謝啊，笨蛋！」
我連忙跟一路幫助過我的大家說謝謝。
「謝謝幫助我的植物跟昆蟲們。謝謝你們引導我來到水邊，讓我可以看見我家。真的很謝謝你們，謝謝你們，謝謝。」
「謝謝溪水啊。」春花邊舔手邊說。
「謝謝溪水，看你每天流動著，我的心也跟著鬆動了起來，春花看得也很開心，謝謝你們，謝謝溪水。」
春花轉頭看我：「好啦，回家吧。走另一邊回家會比較快。」
沒有看到青蛙，有看到一兩條溪魚，游得很快，我也跟不上，趴在石頭上，一邊想著春花說的另一邊到底是哪邊？一邊把手放在水裡，讓水流過……

我很喜歡青苔，順著水流輕輕撫過他們的上方，這種好像摸到水又好像摸到他們的感覺很有趣，苔們的聲音很破碎，很小聲很綿密：「你走沒有我們的那邊，就是春花說的那一邊啦！」

「這你們也知道。」

「我們都知道啊。」

「我們都知道啊。」很多聲音同時回答我。

我從石頭上爬起來，跳到河岸，然後爬上去，眼前突然一條小路，旁邊鋪著一些碎石，中間是泥土路。

「還真的有路。」我沿著泥土路往前，就看到一間民宅，剛剛花了一個下午走進山裡，現在花十幾分鐘走出山裡，感覺好像去了趟龍宮。

⋯⋯小後記

後來換了一個季節再去，樹都長超高的，比我在窗戶向外看起來的要高多了，大家也變得很有精神：裸根的樹還跟藤蔓在拔河，竹子都不見了，櫻花開花的時候，我沒看到，梅花當然也不會開花，但是他們兩個愈來愈近，因為他們都長高了。再往溪水走，這次沒有跌倒，因為多數的小樹都變成中樹，依靠他們往前真的非常省力，只是蟲子變得更多了，一路走過去嘖嘖聲不斷，但也沒有蟲特別咬我。溪水還在只是少了很多，也多了一些廢棄物，苔的顏色變得很怪，不知道是不是因為農藥的關係，一樣順手帶走幾個垃圾，還有很多在地上就是了。

16 因為我也是需要你們的

「我可以跟你們說說話嗎？」

我反覆問了很多次，試著用各種方式靠近，等待回應，真的開始交談大概是半年後吧。

他們太忙，沒有交談的習慣，生存又是迫在眉睫的議題。跟他們說話，我顯得蒼白，而他們多數已經開始加速老化了。

這裡並不是什麼好走的路，可以的話也不要多行，他們已經受到太多太多的打擾了，據說他們活過千歲，但是聲音聽起來不蒼老。

我：「哈囉。」

藻：「你還真不死心啊？」

我：「我也不知道為什麼，一直很喜歡你們這種離地很近的植物。」

藻：「蛤？」

我：「雖然大樹矮樹小草也都很美，很可愛，但是不知道為什麼，等我回神的時候，我都在看地上。」

其實跟他們講話，是很不一樣的過程，他們每一個都像正在哺乳的媽媽一樣，不斷地擠出一些什麼，我看到很多的生物靠近，有些就這樣停留下來，有些只是吸吮幾口就繼續漂走，「藻」怎麼看都很像媽媽。

藻：「你這麼大，趴這麼低，不累嗎？」

我：「如果我本人來，其實應該會很累，而且我很擔心我沒踩好，會傷害到你們，但是意念來，我比較沒差，倒掛著跟你講話都不會喘氣。」

藻：「那你不是跟這些朋友一樣？」

我：「你說的朋友，是說跟你一起生活在這邊、各式各樣的海洋生物嗎？」

藻：「對啊，他們每次來都歪七扭八的，不歪七扭八的也會變成亂七八糟的形狀，我都搞不懂他們長什麼樣子，不過我也不知道我長什麼樣子就是了。」

我：「你喜歡你的朋友嗎？」

藻：「無所謂喜歡不喜歡吧，都一起生活這麼久了？」

我：「有朋友不見了嗎？」

藻：「不見很多了啊，也不見很久了啊……大家，跟我一樣的藻也不見很多了啊，多了很多你們這種朋友啊。」我聽了一陣心驚……

我：「您的意思是說『人類』這種朋友嗎？」

藻：「對啊，以前沒有這麼多啊，你們愈多我就愈少啊，這是大家都知道的事情。」

我：「對不起。」

藻：「對不起。」

我：「蛤？是我們對不起。」

藻：「你知道嗎？你說對不起的時候，頭太向著自己，更看不見我，我看不見你，我也對不起啊，無法好好跟你說話啊。」

我笑了出來。

藻：「這裡改變好多啊，多到我活這輩子，已經知道不一樣了。」

我：「你知道嗎？我現在活著也是這種感覺。」

藻：「你也改變很多嗎？」

我：「應該是說我所在的環境改變很多，這半年來，我已經知道有很多動物死亡，也有很多動物族群在滅絕，也就是我活著、就在理解我失去了什麼，而我可以做的很有限、很有限、覺得自己有點想哭。」

藻：「『有限』是什麼意思？」

我：「就是說可以做的事情很少，有點像是有力氣、也無法好好使用的意思。」

藻：「喔喔喔喔，我懂了，就像是我們現在喝水，都已經很用力地呼吸了，但是什麼都吸不到，堆積在我們身上的沙比水多，水也難動，我也難活，沙就卡在我身上，他們有限然後有限了我，因為我們都在

同一種環境裡，這樣的意思對嗎？」

我一邊聽，笑了：「對，差不多就是這個意思，因為我們的環境一樣的有限！」

藻笑了一下，比水晃動得還快一點，有點像是跳躍的裙子。

藻：「來，你來我這裡趴一下。」

我趴下來，趴在他的表面上，讓水微微地漂動著。

藻一樣在忙碌著，這邊漂動的同時，他已經釋放更多東西出去，然後他自己也在生長著，我聽到很多種腳步聲，或是說漂流聲吧，像是一種濕答答的交響樂，或輕或重的聲音，有時候被水波打亂，一種怒吼讓大夥都激動了起來，也在同時，我開始聞到很多味道……

有海水複雜的鹹味，也有一種淡淡的肉味，也有一種發酵的味道，也有一種很淡的甜味，奇怪的熟悉感覺，我覺得我的身體好像也在吸收這滋味，我問藻。

我：「我在吃你嗎？」

藻：「誰都會吃我啊，來到這裡，大家都一樣，我也會吃他們啊。」

我：「為什麼，我覺得你的味道好熟悉。」

藻：「因為你也是需要我的啊。」

我：「因、為、我、也、是、需、要、你、的。」只是單純說出這句話，不知道為什麼就想哭了起來。隨著眼淚，我的身體有種愈來愈輕鬆的感覺，我說不出我是變薄還是變透明了，但是我就這樣更貼近藻們。

然後我們開始一同呼吸，我發現自己的身體正在消融，而藻們正在吸收我，而我們的呼吸更為一致，剛才感受到的各種腳步都變成了震動，剛才品嘗的味道也變成我的味道，太陽正烈，大家如常地成為彼此……

回來後，我親身去了藻礁區，我沒有踏上去，只是遠遠的看著，我沒聽到那樣的腳步聲，這裡風聲密集地被壓縮著，我也沒聞到那時候的甜味。很多深厚的霉味跟著太擠的風，不斷刮著我的臉，當初在藻們身邊感受到的溫暖跟滋養，跟此刻天差地別，只是因為我沒有趴著嗎？

輕輕地說出：「因、為、我、也、是、需、要、你、的。」淡淡的甜味又出現了，我知道了，也希望更多人知道，你是甜的，如同媽媽一樣的甘美，是真的甜的。

「藻礁，因為我們人類也是需要你的。」

小後記……

「我也是需要你的」，我時常在吃東西的時候，想到藻礁，想到「我真的是需要藻礁的」。延伸來說，其實我需要很多的植物！空氣跟他們有關，食物跟他們有關，土地跟他們有關，能想到的一切都不是無關，但是當需求變得太日常、太生活化的時候，卻變得好像不存在一般……輕易地下了決定掩埋掉一片藻礁，輕易地回收一片綠地變成工業園區，輕易地讓植物陪葬動物，讓會吶喊的人成為短視近利妨礙進步的人，「因為我也是需要你們的」，為什麼我們聽不見呢？

「我們真的需要你，藻礁。」

17

麵包樹

「你要死了嗎？」

「你們是馬上就會死的嗎？」

「你要是問我，我會說要看狀況。如果發生意外，人沒有你這麼堅固的結構，有時候外在撞擊，一下子也可以支離破碎地死去，有時候從裡面爛掉，慢慢地花很多時間才死，也有可能。你們呢？」

「我還沒死，通常要花很久才會真的死去，就跟我們花很久的時間吸收水分一樣，都需要很久，在我們完全乾到無法傳遞，那時候，我們可能才會開始死了。」

「開始死了？那會死很久嗎？」
「對你來說死亡就是停止，是嗎？」
「基本上是的，因為無法再透過任何活動、證明自己有活動力。」
「你知道我是植物吧？」
「知道啊。」回答的時候，我笑了出來。
「植物死了還是植物，人死了還會是人嗎？」
這個問題太深邃，人死了之後還會是人嗎？我死了後還是我自己嗎？植物死了之後還是植物，那為什麼人死了之後不會是人，植物會再生長出新的植物，人從未再生出新的人。

我讓麵包樹跟著我的思想一起晃蕩，他讓他的葉子不斷地輕撫我凌亂的思緒，在我死掉的時候，看著我腐爛的屍體發出蛆，然後再一一地分解。

「你不是你了。」

「是，我是一個死去的人，不再是我自己。」

「人滿廢的。」

我整個笑出來。

「為什麼你死過去，就不會是人呢？你為什麼會長出、很多不像你的東西呢？」

「因為我蛋白質比較多？」

「蛤？」

「沒事？我想說……因為你跟你旁邊的東西都長得比較像，你們比較適合在一起生活，然後你們共享很多事情，所以……應該比較容易

變回去植物嗎？」

「你們不是很多人在一起嗎？我們共享的東西有差很多嗎？此刻你跟我說話，不是也跟我呼吸一樣的空氣嗎？」

「我沒吃過土壤。」

「這世界所有的存有都吃過土壤，我親愛的小東西。」

「我沒有細胞壁。」

「你在說些什麼呢？」

「唉唷，我又講人類懂，你不懂的事情。」

我接著說：「誠如你所說的，我們吃過土，應該是說，好奇妙，遇見你我有種促狹鬼氣，我總是想跟你頂嘴，說一些只有我知道，但是你不知道的事情。」

「好玩嗎？」

「我現在還不知道，為什麼想跟你鬥氣，但是就想要這樣跟你說話。」

我們這會兒安靜了一下，我稍微晃了一下我的腳，他只點了點葉子的前端。

「你知道嗎？我們有時候也吃進去我們所不需要的，當我吸收的時候，我會想，如果我有像你那樣的手，會不會也能挑出來……我不想要的。」

我看著我的手，我知道手是人類跟很多動物的區別，我試著張張手，捏捏東西，抓抓他的樹皮。

「是啊～抓抓也好，有時有些蟲夥伴吃得太投入，忘了我也是有感覺的，如果那時候，可以抓抓會很好。」

「真的，我不想殺死那些讓我癢癢的蟲蟲，但是真的會想要抓抓。」

「是啊，所以人也有些地方比植物好不是嗎？」

「哈哈哈哈哈，我不是要跟你比啦，可惡！哈哈哈哈哈！你有什麼不想吃啊？」

「我們很習慣等雨來，很久一點也沒關係，但是有時候，雨來得更遠，更少，或是那些雨的水分變得很少，他像是另一種水，會停留在我們的葉面上更久，固執地想要當水，不想要被我吸收。我很有耐心地等，本來我們就是一直在等的，會有一些水分吸收進去，但是還是有其他的水分留在葉子上，黏黏的水，後來攤成些小東西在葉子上，我不知道是不是蟲，但我覺得也是癢癢的。那時候我依舊是沒手的樹，而雨季過去，也沒更多的水可以幫我沖刷。」

「污染嘛？」

「那是什麼意思？」

「以你的說法，我會想說是不是，你所在地的水或是空氣被污染。『污染』的意思是說水跟空氣裡面含有其他你無法消化的成分，而這些成分不論在土裡、水裡或是空氣裡都因為無法消化，對你而言就是像一直癢，癢到你的皮膚不舒服，然後變成受傷，當然也因為無法有效地治療，或是抑制不舒服的感覺，然後這些無法消化的東西，也無法被你如同以前用包覆處理，因為他們從水從空氣中一直進來，所以你終究因為長期要吃你所無法消化的東西，才會衰弱到生病。」

「這就是污染的意思啊……那我可能真的被污染了。」

「那你有被污染嘛？」樹接著又問。

「也有啊，人類吃了很多我們無法消化的東西，或是說我們都吃我們想吃，但是身體並不需要的東西。雖然不見得每一個人類都這樣，但是對我來說，某一種程度上，我們正在經歷的事情是一樣的，只是推動我們的是多餘的欲望，而推動你們的是本能。人這種動物，活到底，很多時候到底為了什麼？我其實也不知道，雖然我不會很鄉愿地想說要當一棵樹啊、當隻鳥啊、身而為人就是有當人必要的學習跟拓展，但那確實是不一樣的事情。」

「聽你這樣講，我們現在這樣活著，好像也很人。」

我們都笑了，只是太輕了，連一片葉子都沒動。

……小後記

跟麵包樹講話的時後，其實覺得很滋養也很濕潤，但是當他傳遞給我他所身處地方的環境感的時候，我只覺得乾涸得可以，跟他的滋潤感完全是天差地別。但是他一直都是這樣的，對於我說的對比，他只輕輕把我往他的深處帶，讓我好好待著，他說大家都喜歡這裡，他喜歡大家散發輕鬆的感覺，這樣他也會開心，我每次去都窩在他枝枒裡或是樹根深處，把自己開展起來，讓他了解他給我很多的支持。

18

萬般皆是命，半點不由樹

苔蘚：「你……你……你趴在這邊很久了欸……！」

我：「對啊、太近了嗎？」

苔蘚：「不是、你是不是等一下會弄我啊？會把我的頭弄掉？」

我：「不會啊，你們這樣很有元氣的樣子，我只是想看你們而已啊，你們好可愛唷～」

苔蘚：「那為什麼那些人，跟你一樣喜歡很近看我們的人，要一直把我們變成另一種形狀啊？」

我：「欸！這個……因為你們所生長的地方，被有些人管理，就是

在某一種程度上，你們是屬於他們的，他們特別地在意形狀，希望你們長得跟他們想的一樣，所以會一直弄你們。」

苔蘚：「你跟他們講，不要這樣好不好？」

我：「蛤？這個？這個！有點難，我會試試看。」

我試著找找這個園區有沒有投訴箱，我去寫「請勿過度修整花草樹木。」雖然我不知道會不會有人理我，但是答應植物跟答應動物是一樣慎重的事情。

「你很痛嗎？」我看著苔蘚忍不住問了出聲。

苔蘚：「不是痛！是很煩！很煩很煩很煩的啊！為什麼我長出來就要把我弄掉，我已經出來很多次了捏！為什麼我這邊一直剪，一直弄，那邊就不用？」

我實在不知道該回答什麼，稍微移動了身體，我很怕壓到一些苔蘚，他們也在生氣，只是還沒罵我！往右邊輕輕移動的時候，右上側的樹，掉下了片修剪過的葉子。

松樹：「你也幫我說一下，可以不要一直拿竹子架在我身上，好嗎？」

我：「蛤？好。」

那……這張投訴書，我要寫什麼？

「請勿過度干擾植物生長，架竹子他會不舒服。」

不！我要寫成人類會看得懂的「自然生長的樹木也很美，請不要干涉他的生長，請不要架竹子。」

我想人類應該會覺得我很蠢，沒有人會在意樹的感受嗎？

松樹：「你們為什麼不想讓我往上長啊？地上是泥土不是陽光啊，你們不懂嗎？」

我：「我想我們是懂的，但是跟土地無關，或是說跟陽光無關，那些人只是希望你們變成他想要的樣子。」

松樹：「這裡的樹都不像樹，你們就喜歡？」

我：「欸……我還好，不！我不喜歡！但是那些人喜歡。」

松樹：「那些人，你不是人嗎？為什麼你們不一樣呢？」

我：「欸……這個？可能我是比較怪的人，我只要可看到你們生長，我就會開心了，但是有些人對於你們的生長沒有感覺，有人則是希望你們長得跟他們一樣，才會覺得親切或是好看！」

松樹：「真的聽不懂你在講什麼，活下去就已經不容易了，大家都在搶陽光，你們一直把葉子拿走，太不自然了啊！」

我：「人是滿不自然，才會活成這樣啊！」

松樹：「你！」

我：「我不是在跟你頂嘴，我的意思是、我不是故意講給你生氣的意思！」

松樹：「我真的不懂你們！我們大家都努力地長，才可以長大，有時候為了我們活下去，下面有些孩子就要犧牲，連我們自己的孩子也是，然後在這裡孩子都被帶走，長得都不是我的孩子。我們不喜歡這麼多苔，也不喜歡那些黏黏的東西（真菌類），他會讓我們無法呼吸，但是你們還是讓他們長著，然後把我們凹成你們喜歡的樣子，如果我們生病，你們就劈開我們的皮，然後灌一堆東西，到底是希望我們變成什麼啊？我們是樹，你們知道嗎？」

我：「我知道，我知道你是樹，但是這跟讓你長成你想要的樣子，對人來說是兩回事，坦白說我不知道怎樣更圓滿地跟你解釋，人是一種很矛盾的生物。」

松樹：「你講講看啊！」

我：「你不要生氣嘛！啊～算了，你想生氣就生氣吧，任誰遇見這樣的事情都不需隱忍，覺得委屈就是委屈，事實就是事實，人類沒有顧慮你們的感受是事實。我們人類在面對很多事情的時候，都是想完成自己想完成，因為那樣會讓我們覺得安全或是可以獲得多數人的認同，於是就繼續複製我們習慣或是認識的樣子；而我們不認識的樣子，我們連認識都不想，也就是說你長得跟我們想的松樹要是一樣，我們就會認同你，但是如果不一樣我們可能就不會保護你！」

松樹：「什麼？」

我：「天啊！我在講什麼？」

松樹：「我聽不太明白。」

我：「我不知道該怎麼跟你解釋，我也不能認同這樣的標準，所以我有點急！」

苔蘚：「你躺回來，你躺回來，你不要急啦！」

我趴在地上，肚子那邊的苔蘚發出點聲音，突然身邊的苔蘚都開始發出聲音，一點一滴的聲音，真的是一點一滴的聲音，雖然無法用文字敘述，但那是很舒服的聲音，有點像鳥鳴，有點溫暖的感覺，有被安撫的感覺，我希望松樹也可以聽得到，希望他也可以被安撫。

苔蘚：「他比較急啦，他常常被整理，他比大家更常被修理，他的同伴跟小孩有時候還沒熟，就被拿走，還動不動就被包起來，腳下的根也常常被修理，他常常生氣，這邊的松樹很多都不見了，剩下他，他總覺得自己也要不見了……」

我慢慢起身，試著跟著苔蘚的音調，發出一點聲音，雙手輕握松樹，希望他也可以感受到一點安慰的感覺，在這邊「萬般皆是命，半點不由樹」……我很想跟他說，外面的世界，很多地方的人也是這樣對待人的，但是我說不出口，只好跟著苔蘚繼續唱歌。

：小後記

後來再去看看他們，松樹長得很違和，不在懸崖邊，但是被調整得快要掉下去的感覺，實際問松樹，他說：「我抓得好好的，不會掉下去。」問他舒服嗎？他說抓好土就是了，他旁邊幾棵小小的松樹，也纏上了很多很多鐵絲，然後少少的土。我偶爾很想反社會地打翻東西的時候，真的很想打翻這些盆栽，但是因為我怕自己把他們種回去的時候，也不知道他們好不好活，只好又活回去一般社會人的樣態裡，覺得鐵絲好像是我自己選擇後箍上的。

19

啵啵聲的溫度

「你那邊好熱。」

「我這邊嗎？如果你是問我的話，我覺得還好，因為我住在臺灣，這裡最冷的時候也不會低於零度，但是據我所知你所在的地方，挪威，比我所在的這個熱帶小島冷得太多，我很怕冷……所以我很少把自己放在一個很冷的地方太久。」

「怕冷？你說的怕冷是什麼感覺？」

「就是穿了很多層衣服，還是很冷的感覺。」

想想……這樣跟樹說話，很不負責任。

「你等我一下，我想一下應該要怎樣講，你會比較好懂。」

萌萌張口打了哈欠，我看到他整齊的牙齒，想起樹的年輪。

「我試著說說看，因為我們很不一樣，人類這種生物跟你不太一樣，我們有很多層樹皮，不會只有一層，你是樹皮老了往內長變寬，我們人類是有很多放在旁邊的樹皮，然後冷的時候再套上一層樹皮，所以可以一次有很多種樹皮在身上，但是我還是覺得很冷。」

杉樹還沒真的聽懂，但是他充滿耐心地聽我說出每一個字，就像他會等自己慢慢長出一根根葉子。

我邊想邊說，這一切真的不太容易，我試著繼續解釋：「我跟你不一樣，我一邊生長的時候，我的內部還是活著的，你在皮膚傳遞水分，我的皮膚跟你一樣會傳導水分，但是除了皮膚，很多地方也會傳遞，也會傳遞其他的東西。」

杉樹的安靜有種困惑感，所以我傳了我覺得冷的感覺給他。

樹一寸寸地感受我的冷。

「我以前有這樣的感覺，我小的時候，我常常覺得身體裡面都是冷的，感覺到自己的根好像跟自己不在一起，身體不是相連的。」

「對！我的感覺就是這樣，我覺得我的腳，就是沒跟我在一起！天啊！你說得好好，我頭一次覺得，我跟樹的感覺一模一樣。」

「是嗎？我聽過你，我知道你跟很多樹都聊過天。」

「哈哈哈哈哈，我真的滿常找樹聊天的，但是有時候因為我們太不同了，不過真的頭一次，有樹說出跟我一樣的感覺，超妙的啦！」

我們一起笑了，但是他的聲音好低、好低。

「真的啦，我沒有騙你，因為我們的結構很不同，我真的沒有騙你，這真的很難好不好！」

「是唷？那……我幫你一下。來，你過來。」他用樹枝牽引我，然後把我拉到他的身上，一根根排列整齊的樹枝，順著樹幹，把我送到最矮的樹枝上，我眼前已經有泥土，我輕巧地站在細小的枝椏上，說不出來為什麼，但是……我覺得我在被運送的過程中，變小了。

杉樹：「來，我們從開始開始。」

我感覺到自己在飛，但有點頭重腳輕，也有種墜落的感覺。

大家都在飛，感覺大家都等了很久，只有我是剛來就飛下來。

還沒想完一件事情，就已經掉到地上了。

滾了兩下，我感覺到自己是有點圓圓、扁扁的。

少了下墜的力量，我就翻不動了，全身躺在土地上，一邊還看著樹葉在小小地搖著，好遠的感覺。

還不覺得太冷，只覺得接觸到土地的感覺，有種陌生的熟悉感，好像我已經在這裡躺很久了，這樣的安放，有種全然釋放的質感，變成土地的一部分，跟剛才的飛翔是不一樣的輕盈。

杉樹說：「這是你第一次觸碰土地。」

我問他：「你的第一次，也這樣嗎？」

他說大家的第一次都這樣。

我一邊想著這句話的意義，一邊把意識分到所躺的土地上，慢慢感覺自己身體的變化，有種想要掙扎醒來的騷動正在發生。

旁邊的聲音有種用力的沉默，大家都安靜地在用力，我們的身體沒有太多的水分，不能冒汗，這時候我跟大家的感覺是一樣的。

我感覺自己很想要長出來，我想要變形，我想要把腳伸出來。

一種奇怪的嚮往，我全心全意想要延伸，我想要延伸我的腳，我感覺到自己對於保護過我的一切有種不耐煩，我只想要回到土地裡面去，大家都一樣，很多呻吟變成一首歌，低低地連在一起，跟著雨，大家都在唱著。

我很努力地想要伸長我的腳，積壓了很多力量，但是還出不去。

衫樹：「我那時候也這樣。」

在那個當下，我有一種我不出去，我就會死了的感覺，當我聽到衫樹很沉穩的聲音，更覺得黑暗落下，籠罩整個空間，我活在哪裡……

我並不能確定。

「啵。」

我聽到一聲「啵」。

我以為是我的腳，結果是我旁邊的夥伴生出腳來。

我感覺沮喪……

他說：「等待裂縫、等待裂縫、噹噹、等待裂縫、噹，這裡好舒服，不要放棄，不要放棄，噹噹滴滴答，等待裂縫，等等等等噹噹。」

杉樹連聲音都不一樣了，更多的啵啵聲出來，我感覺更沮喪了……

我回到我身體裡專注地「等待裂縫」，然後想著我的腳會如何的長出來，我的那聲啵會多好聽，聽起來會是脆脆的還是軟軟的，還是跟呼吸一樣小聲？

「我的啵啵聲，會是怎樣的質地呢？」我在黑暗中問自己。

一邊想著，我發現，我腳已經開始伸直了……

然後我發現，我的腰也直了……

好久沒有這樣的伸展，從黑暗中出來，我對於該往哪裡走、往哪裡長、感到困惑……我甚至好像沒聽到自己的「啵」是怎樣的聲音。

衫樹：「你就先感受溫度就好，先不用想往哪裡長，感受溫度，你的身體自己就會長。」

我聽樹的，先把注意力放在感受周圍，而不是想著我要生長，在黑暗中太久，那種窒息感讓我想要突圍。現在不一樣了，我有更多地方可以接觸土地、空氣還有水，我甚至感覺到有點熱，很緩慢的熱，覺得好像先感受這樣的熱，身體就會有種安定感……我沒有在想，只是在感覺當下的溫度。

我們一起在同一道陽光下，感受一樣的溫度。

我感覺到自己正在變厚，才發現，是我的腳、讓我的身體變厚。

衫樹笑了，低低的笑聲聽起來比較近了：「對吧？感受氣溫就會生長，不用擔心生長，你會長出腳，要死就比較難啊，你剛才還這麼想死，忘了自己純然感受自然就會長。」

我們一起笑了，我覺得自己的笑聲也變得很低沉，跟他一樣低低的，可能只有樹聽得到的笑聲，我們愈笑愈好聞。

我意識到我開始想要往上，一種身體感受到自己存在於天地之間自然的驅力。

「我想要往上。」

「我說啦，我們從天上來，就想回到天上去啊。」

我一路往上，生出我的手，感受手不斷地變大變型，我長出一枝又一枝的手。其中有幾次，我的手變得無力蒼白，連張開都很難，我試著站更穩，傳遞更多水分給手，沒有動靜，不知道為什麼，我沒什麼猶豫，就放棄了那隻手的生長。

我想要往上的意圖，遠遠超過一切，我想要靠近太陽，我的腳想要抓緊土地……

太陽好遠，但是我想要托住太陽。

「我們從天上來，就想回到天上去啊。」

我跟著說：「我們從天上來，就想回到天上去啊。」

我們一起說：「我們回到天上去。」
陽光充滿我們的每一個角落，我們手往上。

「你忘記溫度了？」
「對，我忘記了。」
「你還記得，你剛開始跟我說你很冷嗎？」
「呵呵。我忘記了，對，其實你不說我也忘記了，『冷的感覺』。」
然後我們一起發出不怕冷的笑聲。

那個下午，我跟他一樣是一棵樹，一棵古老的大樹。

：：小後記

後來我常常回想這段過程，也常在家裡把自己變成種子，然後再一次次地變成樹，有時候是有意識地等待自己的發芽，有時候只是讓自己生長。很妙的是……每當有樹跟我一起長的時候，我覺得自己身體同時也變成很多樹，隨著每次的變身，從種子到很多樹，我覺得自己跟森林愈來愈靠近，而身體更低地回到泥土裡，如果每個人都可以當一次種子，也許會更珍惜樹吧，祝福。

20 大地母親

我：「你會寂寞嗎？」

「什麼意思？」很低很沉的聲音回應著我。

我：「我走了非常非常久，才遇到一個你，久到、我多次以為我聽錯聲音了，其實你不在這裡。」

「那時候的你是什麼感覺？」沙啞的聲音聽起來卻很溫暖。

我：「我是想說，你是不是跟我一樣是路痴，所以搞錯方向了，你生長的地方根本不是你能生長的地方。」

「你會死掉嗎？」這個問句、聽起來並沒有擔心的口吻。

我：「如果是我真人的狀態來，我跟你講，『會』，但是現在我用意念溝通跟你對話，所以不會。但是你真的是第一位讓我走這麼久，然後才來到你面前的植物啊。」

「你知道我是誰嗎？」

我：「如果你願意接受人類的名稱，也許我可以稱呼你為仙人掌？」

「那是用你的語言所念出來的聲音嗎？」感覺這句話帶著笑意。

我：「是的。」

仙人掌說：「我的名字叫做喀里阿貝魯璽。」

「哇……不開玩笑，這個要記起來真的難。」

「你剛剛說的也很難。」

我笑了出來，他只是不解地看著我。

「抱歉，我不是笑你，我是覺得跟植物也會有文化差異的問題，真的太有趣了。我所生長的地方是一個小小的島，全部被海環繞著，像你這樣的植物，很少超過你的一半高，所以當我來到你的面前，發現你高得跟一棵樹一樣，我一方面很驚訝你的尺寸，一方面發現只是談論「稱呼」，我們已經完全是兩個世界的存有；一方面感受到自己見識的淺薄，一方面又覺得世界實在太大了，太多、太多、我所不知的事情，所以就笑了出來。」

「覺得自己很薄，就可以在很大的世界笑出聲音來？」

「蛤？哈哈哈哈哈，你這樣講也很對啦，差不多就是這樣的感覺。」

「我在這裡也小啊，也很薄啊，這裡很大，就一個我，不管往哪一個地方再看過去，如果我的芽不落地，這裡就只會有一個我。」

「你不願意嗎？」

「不願意。」

「我是說……你不願意讓你的芽落地嗎？」

「芽會落地就會落地，他會生長也就會生長，他會落在這裡，成為另一個我，還是飄去另一塊土地變成另一個我，都是他所決定的，不是我決定的，他在離開我時，就不是我了。」

「所以你是你自己的，你自己決定在這裡，決定一個植物在這裡。」

「大地母親也在這裡，現在你也在這裡，我在孤獨裡嗎？」

我笑了，我問他寂不寂寞，好像是在問剛才路上過來的我自己，那時候我感覺，我是另一個我自己。

「所以你在這裡發生的事情，只有你一個植物在經歷是嗎？我知道還有大地媽媽，我的意思是說你的一生，只有你知道一切的發生，是嗎？」

「只有我自己知道？」感覺他釋出來一點柔暖的感受。

「你知道嗎？我的每一個生滅都在大地媽媽的守護之下，我是芽兒生根於土，那是大地媽媽的懷抱，我長出更多的軀幹，也是在大地媽媽的懷抱之中，而當我現在開始老化，你看到我右邊黑掉的部分，我已經在死去了，我所有的一切變形成長，直到我開始腐朽，我是把大地媽媽給我的，再還回去而已。那邊黑掉的部分已經無法再接受任何養分了，他會開始乾枯，會開始停止生長，所有的能量會回到土地裡去，我從土地拿的，會回歸到土地裡，一如我從無開始生起就在大地媽媽的懷抱裡，我也是把自己再全部回歸回去。那我是只有自己知道嗎？我不知道。」

「你知道。」

「那你現在也知道了。」

沙漠的風好冷，太陽明明還豔著，但……事物在這裡好像不是我以為的樣子。

……小後記

在黃土之上、藍天之下只有一棵巨大的仙人掌，我一直覺得很不真實。

那天的溫度，也是我所不習慣的，其實太陽看起來很大、很黃也很有力氣，但是實際上很冷，我處在這個陌生的國家，覺得一切都好不真實。

帶著這樣的感覺，我在等待一個願意回應我的植物，遠遠地我就看到這棵巨大的仙人掌，但這是一個太陌生的畫面，直到我真的走近的時候，才發現他。但是他好像等我很久了，很熟悉地與我交談，讓我了解他，冷冽的空氣好像變得溫暖了起來，很不真實的溫度，但是這個交談是真實地讓我的心裡多了點彈性。

21

密小鷹芹唱的歌

水
是長
是藏
在空氣裡
濕濕的我　是水
一夜水　呼
一葉水　喝

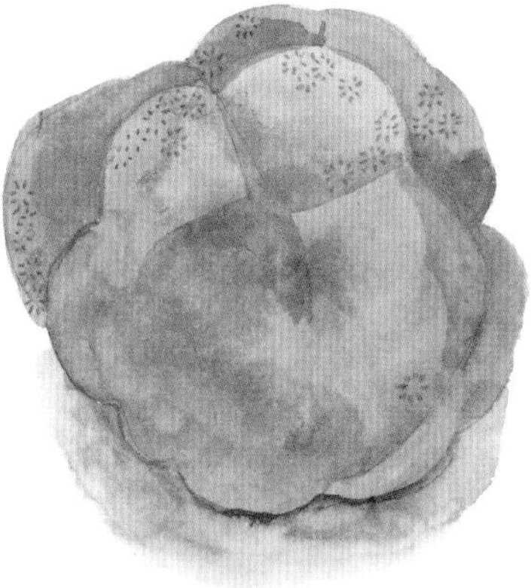

一層層包著水　的我
長出我的肩膀
還是跟本來的我一樣高

水
是長
是藏
在空氣裡

……小後記

長跟藏都是從「藏」音。

每次在跟他們聊，他們都還是一副小精靈的樣態，嗡嗡地自顧自說，總覺得他們的生長有點像蜜蜂，日日夜夜生長是他們最重要的活動，也是他們最喜歡的活動。有時候我會安靜地躺著聽他們活著的聲音，很綿密地放鬆，然後一些很緊的肌肉就這樣攤開了。

22 難相處

我：「聽說你很孤單？」

石楠：「你看這裡孤單嗎？」

眼前的草原都是紫色的，紫色的石楠遍布整片草原，遠處只有幾棵稀疏的樹，如果不是知道石楠是這樣的植物，我真的會覺得眼前的景色都是後製出來的。

我：「那……聽說你不喜歡別人？」

石楠：「我不喜歡你，你不是也來了。」

我心裡想真的，石楠真的很難講話，但是我怕這一放棄，我以後就

真的很難跟他說話了，所以就安靜地蹲在原地。石楠並沒有看我，我跟著他一起看著眼前。

眼前的石楠們，有很多種紫色，我在想是什麼原因，讓他變成這麼多的紫色？是年齡還是土壤的關係呢？還是水分的關係，可是不管是哪一種紫色都有很多蜜蜂跟蝴蝶進出，地上也爬了很多螞蟻，我轉頭看了石楠一眼，他還是冷冷的。

我繼續安靜地坐著，發現有一處石楠正在傾倒，我跟著往右斜的同時，發現羊頭冒出在吃草，不過羊的嘴巴並沒有變成紫色的，我跟羊安靜對看了一會兒，突然有個爆裂的聲音。我嚇了很大一跳，羊好像不怕，轉頭看一下又繼續吃草，而鳥就這樣從紫色的色塊中飛出，或是說跳出吧……瞬間出現了很多的鳥，雖然來不及一一看清楚，但是應該是有兩三種樣態，順著他們飛去的方向，其中一隻鳥因為有點跌跌撞撞，還撞出更多的蟲跟鳥出來，像是一道浪突然打入這紫色的海裡，最後竄出的是一條瘦瘦的狗，一個哨聲，他又回去了。

我：「他、他是獵狗嗎？有人打獵啊？」

石楠：「你是人，你看不見你自己啊？」

我：「蛤？我不是打獵的人。」

石楠：「你是人，你看不見人啊。」

我試著不往太哲學的方向思考，但是又很擔心石楠說的不止這麼簡單，到底應該怎樣跟他說話好呢？

石楠：「你到底來幹嘛的，一動也不動，你不想活了啊？」

我：「我想活，我要活，我正在活，我只是想跟你講話啊！」
石楠：「那你就講啊。」
我：「但是我講什麼，你都一直嗆我，我有點不知道該怎麼說好？」
石楠：「你講的話都不是真話，我不嗆你，我嗆誰？」
我：「我沒有說謊啊？」
石楠：「你說我孤單，你看到這裡只有我一朵花嗎？我們石楠沒有孤單生長的，都是一團一團的石楠，你一個人來才孤單吧！」
我真心覺得……難得遇見反應快速的植物，真的很難調頻。
我：「對對對對，你說的對，我剛才說得不好，我的意思是說『石楠不太跟其他的植物一起生活，是不是因為你們比較喜歡孤單？』」
石楠：「你眼睛瞎啦，你以為綠色的都是我的葉子啊？你以為遠方的樹是假的啊！」

我抱頭大喊：「啊啊啊啊啊～我的意思是說，聽說你們很酸，也喜歡酸的土，也會在生長的時候，持續排出酸性物質，導致其他植物比較難生長，所以你們看起來很大，但是看起來很單一，是嗎？」

石楠：「那你就是說我難、相、處、是嗎？」

我：「蛤？不！不是啦！」

石楠：「我們真的很難相處啊！」

我霎時不知道該回應什麼，石楠就是定定地看著我。

石楠：「嗯哼？」

我鼓起勇氣：「對，我的意思就是說你難相處，你都不讓別人生！我的意思是說不讓別的植物生！」

石楠：「人類講話就是很誇張，這裡難道完全沒有別的植物嗎？」

我：「也、也是有啦，但我的意思是說，這邊的植物相、相對比較單純啊，你們不喜歡別的植物嗎？」

石楠：「你以為誰都可以在這裡活啊？」

我：「蛤？」

石楠：「你以為我們住的是怎樣的土地，是我們把他用酸的，還是他本來也就酸了？」

我：「我……我不知道。」

石楠：「我們在這種沙跟土一樣多的地方，好好地生長，長出這麼多美麗的花，你不說我好厲害，竟然說我難相處，你們人類才最難相處啦！」

我：「我……我也是不否認，人真的很難相處，但是為什麼你們想要這樣生長啊？」

石楠：「以你的理解力，我不相信你能懂？」

我已經不知道面對石楠，是第幾百次的結巴了：「是……是啦，講講看，我是可以跟其他人類說說，搞不好大家會比較不笨一點！而且我沒說你難相處，是你自己先說你難相處的啦！」

石楠並不正眼瞧我，自顧自地看著天空回答我：「我活著，不生長要幹嘛？」

我：「蛤？」

石楠：「我就說你不會懂，還真的不懂，你真的是笨人類。」

我：「我……我是真的滿笨的，但你說的意思是說『你是植物，所以就是要一直生長嗎？』」

石楠：「你是人，就只能笨嗎？」

我：「蛤？不是這個意思嗎？」

石楠：「你是人，你怎麼會不懂啊？」

我：「蛤？我真的是不懂您的意思。」

石楠：「你們活著會不搶嗎？你們活著會不繼續生長嗎？要活下去不是誰先搶就先贏，不然為什麼這裡剩下最多的是我跟你。」

我：「這裡都是你啊。」

石楠：「不是你們一把火一把火地燒我們，我們怎麼會想要更強烈地活下去，這裡誰不是被人類殺到更想活下去？」

我：「又是我們殺出來的活路啊。」

石楠：「我們不過就是另一種人而已。」

我又安靜了下來。

其實眼前的風景真的很美，一塊一塊瑰麗的紫色，在每一片紫裡還有不一樣的層次，每一紫裡都是千萬朵的花，當我仔細再看下去的時候，花變成了一個個的人頭……

小後記：

有一段時間，一直把這張石楠花當電腦桌面，希望他偶爾想說話時可以跟我說說。但是沒有，偶爾會傳來一點寒冷的氣息，或是淡淡的歌聲，有陣子感覺他們接二連三地開花，有種狂歡的氣氛，但是我不在其中，只能看著他們狂歡的感覺，他們很在自己的世界裡，很專心地做石楠。

23 你養得起嗎？

「你們喜歡被人養嗎？」

「你養得起嗎？」長壽花沒有看著我回答，只是望向山。

我想了一下他的回答，「我養得起嗎？」

這盆長壽花，在我陽台已經三年了吧？我雖然多數只有澆水，然後風大的時候移位置，茂盛的時候換盆，我養得起嗎？有些時候，我在面對我的盆栽的時候，我也會這樣想。所以我很怕大家送任何活物，一則是因為沒有經過對方的同意，二來是我的環境是否適合他，我也不確定，有時候太戰戰兢兢地陪著他們生活，我還被笑，後來很多都給後山照顧了，我能養得起嗎？

「我不知道。」

「那我也不知道？」

「那……誰會知道。」

「你吧！」

「欸！不好笑！」

長壽花笑了。

他笑的時候，花瓣會有點抖抖，跟風的方向微妙的不同，跟摸他的葉片比起來，摸他的花瓣，我通常會感受到他開心一點，即便那次的花，他覺得開得不美。

「你養我，你是開心的，看到我也開心多一分，我也開心啊。你養我不養我，我還不是要繼續長下去，跟你很慢才老不一樣，我很想長，我連睡覺都在長，我無法阻擋自己開花的欲望，即便我會希望，這朵花再美一點才開。」

「都很美啊！」

「你是一個人，一個樣子，再怎麼長都是這樣，我是一個可以開出很多花的植物，我當然會希望開出不一樣的花，美麗的花，來代表我啊。」

「被你講得人是滿無聊的捏！」

「就長相來說是啊，我看你這麼久，就差不多一個樣，我都想你不會煩嗎？」

「就……我個人因為長期不改變，我也算看習慣了，用得還算心情舒暢啦！」

「那就是我不懂的吧。但是如果你問我，我就不會想養你，因為我再怎麼努力，你都一個樣，等你開花或是不等你開花，我都知道你長什麼樣子，會感覺對你努力跟沒努力都一樣，那～我每天感受太陽不一樣的熱度，對於你來說也好像都一樣，搞得我也遲鈍了起來，但是我不是啊，所以還是別養你的好。」

我望著長壽花看了很久，我想他這段話，是給我聽，還是說給人這種花聽的。

……小後記

不論太陽在何方，家裡的長壽花很喜歡把花的那面面對我，我會想那是愛吧，但是他不一定是這樣想就是了。不過目前我們依舊相安無事地相處著，偶爾我偷懶不關照他的時候，他會跟貓說我的眼睛是瞎了嗎。

24
誰有毒？

「聽說你們有毒？」

「毒。」

「就是如果吃太多你們，其實會中毒，有時候是很快地死，有時候是很慢地死，不管是人或是動物或是昆蟲。」

眼前的葉子不為所動地聽著我的話。

「還有人會使用的有毒製品，很多也是從植物身上萃取出來的！」

「毒？」

「對啊，就是你有毒，所以我們吃你們會壞掉，會死掉。」

「但是你們吃我們的時候，我們已經壞掉了啊！」

「對！」

「所以你們也有毒？」

「我們也有毒？我們不是有毒，我們是用壞你們了，但是我們沒有毒害你們？」

「因為你是當下就用壞我，所以當下用壞就『不是毒』？」

「欸……這樣說也不對，應該是說，我說你的毒，比較像是一種慢性的損害，然後因為我們知道了，所以就比較不會吃你們，或是不會一直吃你們，因為你們有毒。」

葉片一陣哆嗦，「所以你是說，我們不想讓你們吃，所以我就長出不想讓你們吃的味道，我就是有毒，對嗎？」

「對！」

「因為你們對我們來說，『也有毒啊』，會傷害我們啊，所以我們不想給你們吃啊！」

「啊～對啦，誰想要給對方吃！」我一邊說出這句話，但是一邊又想到陽台的盆栽們……

「等一下，但是我有認識一些植物很願意給別的蟲吃欸！」

「那是因為他們不用搶土吧？」

「欸對！因為我會補土給他們，也會給他們其他的養分，所以他們可能也有毒，但是毒得不明顯？」

「我哪知道，你的植物，我又不認識，我們這邊的大家都要爭著活下去，如果有生物一直吃我們，這邊的土又有限，我不反擊，我不跟我的同伴們說，我們怎麼活下去？」

「那你、怎麼跟你的同伴說，是像我這樣嗎，用意念說話嗎？」

「有時候是，有時候是傳點味道。」

「為什麼有些時候選擇意念傳輸，有時候是用味道啊？」

「看是遇到怎樣的事情啊，有時候是一起發生的啊，為了活下去，大家都要一起努力啊，活下去不是容易的事情啊。」

「你們的毒，會傷害到你們自己嗎？」

「不會啊，你不講，我根本不覺得自己有毒，那都是你說的。」

「也是啦，我只是想說你可以傷害我們，那你們自己不會被傷害嗎？因為如果我們都消失了，人消失了，可能你們不麻煩，但如果是幫助你們的昆蟲受傷了，你們慢慢地也會死掉，不是嗎？」

「我們不會傷害幫助我們的昆蟲啊！」

「所以你的意思是說，你們只會傷害不會幫助你們的？」

「我們只會『影響』會傷害我們的。」

「喔～對啊，你們不可能傷害所有的昆蟲。」

「是你們才會不管我們是誰，要就都拔走，連土都拿走，你們才有毒。」

「嗯，我常常不管跟動物還是植物講話，最後有問題的都是人類。」

「那你有問題嗎？」

「我應該是有問題的？」

「你的問題是什麼？」

「我的問題是，我覺得有毒的是你們，但是其實有毒的是我們。」

「那你的毒會害到你自己嗎？」

「嗯，可能現在看不出來，但是可能慢慢地也會死。」

「那你真的有毒。」

「嗯，人有毒。」

……小後記

有時候覺得自己聊到後來有點傻氣，但與其說傻氣，不如說很多根深蒂固的觀念，被強力地換位思考了，想理所當然地面對眼前關係，就會被植物簡單的提問給逆襲了。

到底是我相信得太淺薄還是他們知道得太單純，一路聽到現在，我都會想：到底我是聽到了？還是聽懂了？回到人間，我可以用他們的態度過活嗎？

我一樣問著我自己：「我有毒嗎？」

25 沒人的事

最近很少跟春花一起逛園子，但是哥還是用自己的節奏，看植物跟魚講話，每天吃完早餐就往窗戶一躺，太陽升起前，他會在前陽台看荷花，跟著搖曳的荷花、蓮花一起輕輕晃著，下午他會去房間的窗台看其他的樹或是花，玫瑰總是第一個打招呼說話，哥有時候笑笑地回，有時候只是安靜地點頭。

跟春花一起去園子裡看植物時，他喜歡蹲在牆角，然後看我東弄弄或西搞搞，翻身再繼續曬太陽，偶爾我也會問問他的意見，像是今天。

我：「哥，這裡有繭捏～」

春花：「你不要給人家壓力，人家想什麼時候出來就出來。」

我：「但是過些天，會變很冷，要不要放後面一點比較不冷。」

春花：「他選那棵樹就是因為樹在那裡，不是因為有人在這裡。」

我再度被一句話完勝……

玫瑰：「你真的很會讓他閉嘴呢！」

春花並沒有回話。

我小心翼翼地澆水，避免弄濕那個繭，這裡安靜得只剩下植物小小的笑聲。

……小後記

我原本想說這篇可以叫做「干你屁事」，但我家春花哥是沒這樣說啦！哈哈哈哈哈哈哈哈哈！

初期在配置盆栽的時候，都用自以為整齊的方式，都被哥說，「你問他，他舒服嗎？」然後花園就愈來愈跟我的美感沒關係了，真的是沒人的事。

26

一輩子只交一個朋友

我試著也跟你漂一陣子，從黑暗中逐漸開始感覺光亮，當光逐漸籠罩我的時候，你好像還沒醒，但是你一直在擺動著，似乎也從來沒有睡過。

魚與我一起漂著，有時候他們用快速的速度穿過我，然後躲回你之中，我常常看不見他們，而我想著，我可以仔細分出每一個你嗎？海藻跟樹一樣，有明顯的不同嗎？有樹結或是樹瘤可以區分嗎？

你還是在搖曳著。

我試著在你身邊來回穿梭，我不太確定……你是否知道我的存在，但是我持續繞著你們轉圈圈，一圈一圈，直到出現了一個比較大的波動，一些魚從你的身上掉出來，我不禁笑了出來，聲音大到會被魚罵，你還是很安靜。我嘗試躲進你的葉子裡，跟其他的魚一樣，才剛擠進去，立刻被其他的魚驅趕，我換了個位置，先禮貌地抖一下葉子，看看是否有魚，再拉高一點看看，沒有魚，我蓋住了自己的手然後悄悄地把自己隱沒在葉子中間，不是太容易的事情，總是露出一塊，對葉子來說我太大了，但是這裡任一株海藻都把我隱沒，我試著把自己再縮小再縮小一點，希望自己像魚一樣地隱身。

「很好玩嗎？」海藻說話了，聲音好低好長好遠，但是我知道他在眼前。

我：「好玩嘛？覺得魚好像覺得很好玩，所以跟著試試看。」

海藻：「你是魚嗎？」

我：「我不是魚。」

海藻：「你是蝦子？」

我：「以前有當過，現在不是。」

海藻：「你是海膽？」

我：「呵呵，我不是。」

海藻：「你也不是其他那些，會想吃我的生物嗎？」

我：「我會想吃你，我應該也吃過你了。」

海藻：「什麼時候？」

我：「最近一次，應該是今天中午，你跟著紅蘿蔔跟芹菜一起被我吃進去。」

海藻：「那是什麼？」

我把紅蘿蔔跟芹菜的樣子傳給他看，他仔細看了一會兒。

海藻：「這是水母跟魚嗎？還是海葵呢？」

我：「都不是捏，這是長在路上的植物，他們分別叫做『紅蘿蔔跟芹菜』。」

海藻抖動笑了一下，但是動能消失在海裡，並沒有形成漣漪：「是嗎？他們長得好奇怪。」

我：「我想他們應該也會覺得你很奇怪，因為他們沒有任何一個植物，可以長到你這麼高大。」

海藻：「是嗎？為什麼？你們陸上太小嗎？」

我：「嗯……跟海洋比起來，陸地上確實很小，但是往上長的空間，應該比你長到海的頂點高很多。」

海藻：「那他們為什麼不生長呢？」

我：「為什麼他們不生長啊。」

海藻：「這裡沒有不生長的事情，你那裡為什麼不長呢？」

我：「應該也不是不長，只是無法長得像你這麼大，因為土地的營養太少，而我們陸生的動植物擁有的土地，也比你們住在海裡的夥伴，少了太多了。」

海藻：「不長大，那為什麼不長高呢？」

我：「不長高，我想是因為地心引力，那是一種力量，會將一切往下拉。你在水裡，海有很多力量幫助你上升，依靠在水裡，你就像是全身都有人扶著，但是陸上的植物不是，高一點，如果沒有力氣，沒有水扶著，憑藉著空氣，大家都會彎腰了。不過也是有很厲害的樹木，會長到比你還高。」

海藻：「又有了？」

我：「就是看種類啦，但是像你這樣的，真的不多，但是比你老很多。如果你也可以活那麼久，海如果很深很深，也許你也可以長這麼高。」

海藻：「那他有很多魚朋友嗎？」

我：「他應該有很多其他的朋友，但是應該沒有魚朋友，不過跟你一樣，有很多生物會跟他一起生活，也會一起吃他。」

海藻：「喔，原來都是一樣的啊。陸上海裡沒有什麼不一樣啊。」

我：「哈哈哈哈，你這樣講也對啦。」

海藻：「那你喜歡吃我嗎？」

我：「滿喜歡的。」

海藻：「那你也是魚啊。」

我：「我也希望我很快就可以當魚。」

海藻：「但是你可以咬我咬小力一點嗎？有時候他們躲一躲就開始吃我，一開始很可愛，我們還會邊聊天，後來有點痛，雖然我有很多葉子可以給他們吃，但有時候他們一起吃，真的太癢太痛了。」

他在說這段話的時候，我正用嘴咬著他的一片藻葉，順著水流漂著，只好鬆口了。

海藻：「大家都喜歡吃我，動物都喜歡帶來訊息，說著很多話，但是我們海藻就安安靜靜地生長而已，我們喜歡向著陽光靠近，我們喜歡向上，你們卻不一定向上。」

我：「我們也喜歡陽光，但是有時候，不用陽光我們也可以活，所以不會一直向上。」

海藻：「陽光帶給我們更多舒服的感覺，像是海龜有時候也會躺在我們頂上一樣那種軟軟舒服的感覺。」

我：「我也要學海龜。」我游到頂端，發現海藻看起來還是好大，而且有更大更多的感覺，就這樣躺上去，一部分的身體卡在其中，一部分的身體浮在上面，試圖看看這附近有沒有海龜也在曬太陽，但只看見一條死魚卡在我旁邊。

海藻：「舒服嗎？」

我：「再讓我躺一下啊。」

一陣浪，沖走了海藻上面的一些雜物，海藻的條紋如同魚群蔓延開來。

我：「你真的很美。」

海藻：「美舒服嗎？」

我：「很舒服啊，而且又美。」

海藻：「你都可以一次講兩件事情，我只能想著一件事情，就是往上長啊。」

我：「兩件事情？」

海藻：「你邊美邊舒服，邊長大邊長矮，我們只想向上啊。」

我：「哈哈哈哈哈。」

海藻：「我也不是這麼常笑，這麼常講話。」

我：「你只有陽光嗎？」

海藻：「我還有很多海洋的朋友，只是我最喜歡陽光，這一個最遠，但是對我最好，並且是不會吃我的朋友。」

我：「哇，這樣啊，所以你被吃膩了嗎？」

海藻：「我被吃膩了嗎？」

我：「嗯啊，膩了嗎？」

海藻：「你當人膩嗎？」

我：「會膩。」

海藻：「一樣的吧，活著都會膩的。」

我：「是嗎？」

海藻：「你也一直被吃嗎？」

我：「哈哈哈哈哈哈，人跟你比起來沒營養又難吃，所以比較沒被吃啦！」

海藻：「那樣也要膩啊？」

我：「你是因為一直被吃，所以膩，那如果讓你去一個地方，你不用被吃，你有可能會不膩嗎？」

海藻：「陽光會在嗎？」
我：「會在。」
海藻：「那我想我應該不膩。」
我：「所以你是不喜歡被吃，你是討厭受傷，或是說癢癢痛痛的感覺嗎？」
海藻：「嗯。」
我：「也不喜歡太多動物給你太多訊息的感覺嗎？」
海藻：「嗯，也有。」
我：「那你喜歡海的聲音嗎？裡面不會有很多訊息嗎？」
海藻：「海不吵，只是變化很多，有點複雜。」
我：「所以你只想專心長高。」
海藻：「嗯，我只想做一件事情，交一個朋友就好。」

我：「太陽這個朋友。」

海藻：「對。」

我：「我是不是話有點多。」

海藻笑了一下，抖了一會兒。

我：「這裡所有的巨藻都跟你想的一樣嗎？」

海藻：「像你這樣會跟我們講話的人，多嗎？」

我：「不多。」

海藻：「像我這樣想要安靜的海藻，也不多。」

我：「好，謝謝你，我知道了，那我先走了，不好意思，打擾你這麼久，謝謝你，謝謝你。」

我親吻了一下巨藻的葉片，很輕很輕的那種，希望他不會覺得癢癢的，然後在心裡謝謝太陽，謝謝他是大家的好朋友。

……小後記

其實後來還滿常去海裡，但就是在他的身軀裡面漫遊，並不會特別跟他講話，也有遇到比較喜歡說話的海藻，感覺多話的海藻身邊多是大一點的魚，安靜的海藻身邊是小一點的魚，不知道這樣的分群有沒有原因，不過對他們來說，魚就是吃我們的東西吧。

27

原來還會有人喜歡我

朋友養蘭花很久。

小時候對「養」這個字，實在不懂。偶爾看他臉書分享，才知道蘭花真的要養，定時更換土之外，還要弄什麼根，還要換什麼草，還要給什麼蛇，還要養在浴室裡面當溫室，生病還可以帶花去看醫生，反正我常常有看沒有懂，只覺得人家說蘭花嬌貴，可能是真的。

直到他有天發文說，他家裡其實有很多「流浪蘭花」。

「前公司的大樓有銀行還有投資公司，他們常收到很多花禮，一般花謝了就直接丟掉，有時候經過垃圾場，實在是很不忍心，心有餘力時會撿回來整理，一次被打掃阿姨發現我的拾荒行為最後還會直接撿給我，但有時候組合盆栽真的太巨大，只好和花說抱歉（哭著跑走，這種感覺其實和面對流浪貓狗的心情一樣）。開過的蘭花需要整理，要換水苔，要照顧傷口，而且要評估有沒有染病，有時候拆開根部看他們被綁得傷痕累累，發霉、小蟲亂鑽，自己心也很累。

蘭花花禮通常都是大紅大紫，所謂的市場花。市場花的花色不是我的愛，老實說我就把他們放置 play 在打開窗會和鄰居對看，平常比較不會使用的窗台，當成籬笆植物。

休養一兩年，流浪蘭花，還是會開花。」

我跟春花說這件事情，他問我，會撿花的人會撿貓嗎？我知道朋友養了兩隻貓，有一隻是撿來的，另一隻我不知道，哥讓我跟那些蘭花說說話，他說你問問他們，我問他為什麼？

春花：「因為花想跟你說話。」

我請朋友傳照片給我，確實在不同張照片，可以感受到不一樣的個性，順順地跟每一株植物聊天，然後遇到了流浪蘭花們，其中一朵特別好聊。

流浪蘭花：「他總是喜歡邊抱怨，邊梳理我們，我很喜歡他的手指，跟我的根，溫度是一樣的。被他摸的時候，我會覺得我們很親近，好像是在一起的感覺，我知道他有時候感受得到，但是他被自己抱怨的聲音給擋住了，忘了我們那時候是在一起的。」

我：「你會在意嗎？」

流浪蘭花：「好像……不會吧。」

我：「可能……有點？」

流浪蘭花笑了笑，聲音很好聽：「他喜歡的蘭花太多了，這裡蘭花都要跟他的貓身上的毛一樣多了。我們有些有被他取名，有些只是花，有些換過位置，有些一直在同樣的地方生長。他只有一個人，他天天有看到我一回，那就夠了，我本來就該死了，他沒讓我死，我也不用再吸那些假土，這樣的愛就夠了。」

我：「這樣的愛，就夠了啊……『夠了』，對於你是怎樣的感覺呢？」

流浪蘭花：「你會吸取，你不能吸取的養分嗎？」

我實在很想跟他講，現代人可能都是塑膠人的概念，但是想想解釋太複雜，只簡單說了，有時候人會吃錯東西，會吃到自己不能吃的東西。他請我傳那樣的感覺給他，想了半天，我傳我被魚刺哽到的感覺給他……

流浪蘭花：「也太痛了吧！」

我：「確實啊……」

流浪蘭花：「那你怎麼活過來的？」

我這輩子也沒想過要跟蘭花分享哈姆立克法，但是我終究做了這件事情。

流浪蘭花：「啊～這樣可以吐啊，我們被環繞的時候，不會吐，只是不能倒下罷了。」

沒想到這件事情，蘭花都有同感，實在太妙。

我：「那你有吃錯東西過嗎？」

流浪蘭花：「很常啊，很久啊，我們多數的花都吃錯了啊。我們的土是淺色的，不論我們怎麼伸根下去，經過多少的土都是空的，除了空氣沒有水，沒有土，沒有其他的養分，只有我不斷想要伸下去的欲望，然後變成我想要爬出來，離開這個假土的欲望。我有種錯覺，我好像可以自己活著，我們多數的蘭花都有這樣的感覺，有蘭花試著爬出來，然後死了，死了也喝不到水；有的蘭花沒有爬出來，但是腳底的癢變成痛，活生生痛死了，我只是正好還沒死而已。」

我：「你們很容易死嗎？」

流浪蘭花：「不容易啊，但是你們很會弄死我們。」

雖然我（應該）沒有殺過蘭花，但是當他這樣說的時候，我還是心虛了。

我們一起尷尬了一會兒。

流浪蘭花：「你幫我說謝謝，好嗎？」

「蛤？」其實我還沒回神，正在思索怎麼跟他說話好。

流浪蘭花：「其實我真的本來就該死了，這邊也很多差點死了的，但是他都有讓我們慢慢地活著，像朵花地活著。」

我：「像朵花啊……」

流浪蘭花：「我們盡量每年都開花，希望他會開心一點，不過不是每個夥伴都做得到，因為有些花已經老了，或是說累了吧。」

我：「他不會勉強你們開花啦。」
流浪蘭花：「我知道，我只是想讓他開心點。」
我：「好，我跟他說，說你要說謝謝，還有你希望他開心。」
流浪蘭花：「還有請幫我跟他說，謝謝他把我撿回來，沒有再次不要我，謝謝你，謝謝你幫我說。」

「再次……」聽不太懂流浪蘭花的意思，但是如實轉達蘭花的想法給朋友。

朋友說：「這位蘭花到我家也一年多了，水草又該換了，這樣舊舊的，送人不好，所以換別棵給別人。想不到，原來，他真有話要跟我講，好的，有愛大聲講。」

動物被拋棄，有時候花很久才能活回自己，植物呢？愈安靜的生物好像愈容易被簡單粗暴地對待，但是他們一樣活著啊。我想想那些被棄養過的小孩，想想他們的彆扭，我覺得流浪蘭花很美，很優雅，但不野了。

：小後記

後來在公園看到那種貼在樹上的蘭花，都會問他們一下，是自己來的，還是先被丟掉才被送過來的，結果兩種都有。感覺自己好像遇到蘭花廖添丁，懂的人知道蘭花這樣還可以活下去，樹不嫌棄的話，大家可以一起美，真的很美。

28 沒有葉子的樹

夏天的樹開了
一片葉子也無痕
從心重新來啊
好啊
讓我把南美的黃、也加上去成為土地的一部分吧
我們看著對方很久。

那天的我才開始收束我的疲憊，還沒開始溝通，只是想看著他，一邊想著我今天看到這棵樹三次了，到底是為什麼？

然後我們持續對望，我在畫面中感受不到風，也感受不到水，並沒有熱到一片荒蕪，但是生意在腳邊輕輕地流動著，我們持續看著彼此。

樹：「你很安靜。」

我看著他，還不知道說什麼，腦速運轉很慢。

樹依舊不動，空氣中沒有生氣，只有他的聲音：「我聽過你的聲音。」

我輕輕抬了點眉毛。

樹：「你好疲憊啊，但是你脫不掉你的葉子。」

我輕手輕腳很慢地褪去了所有的衣服，繼續看著他。

樹：「那不是你的葉子啊。」

我笑了。

我：「你為什麼聽過我的聲音呢？」

樹：「你一直在跟動物、植物跟礦物說話，所有不是人類的，你好像都有興趣。我常聽到你來回穿梭在不同物種間的腳步，有時候你啪嗒啪嗒地踏過，你習慣先伸右腳，但是你的左腳特別沉，你在水裡的時候不太會動，你走在森林的時候很容易趴著，在草原倒是走得像個人，靠著我們之前都會說謝謝，但是不期待著什麼，你長得像根管子，只是個耳朵的感覺。」

我仔細想著他說的我，原來是這個樣子的啊，我只是跟著環境在行動，沒想到，對他來說，是這樣的畫面。

我在意識之中，把自己變成一個耳朵的樣子，將畫面傳給樹，樹看了好一會。

樹：「這樣的你，不知道走路是什麼聲音？」

我：「我也不知道，因為我不知道，這樣的耳朵要怎樣移動。」

樹跟我一起看著耳朵的我。

然後樹說：「這樣像是一個種子？」

我：「滿像的。」

樹：「那搞不好，你以後會長成一棵樹。」

我：「那我會是像你這樣的樹嗎？」

樹：「那要看你是怎樣的種子。」

我：「應該是個胖種子。」

樹：「那你就可以撐很久。」

我笑了，抬頭問他：「那你的葉子呢？」

樹：「他們走了。」

我：「你沒有留他們嗎？」

樹：「留不住。」

我：「他們死掉了嗎？」

樹：「嗯，死了。」

我：「會再活過來嗎？」

樹：「可能。」

我：「你不知道？」

樹：「不是在我身上的每一件事情，我都會知道啊。」

我：「可是他是你長出來的葉子啊。」

樹：「所以他就是我的？」

我：「是，應該是吧。」

樹：「你也當過樹，你忘了葉子跟你的關係嗎？」

我沉默了很久：「現在真的有點忘記，我跟葉子的關係。」

樹：「跟你、跟我的關係一樣。」

我：「蛤？」

樹：「你就算走很遠的路，遇見我，你還是會走啊。葉子就算一輩子長在我身上，他終究要走，我是樹，他是葉子，你是你啊。」

我深深嘆了一口氣：「完了，我又要腦爆了，這是樹的語言。」

樹：「我本來就是樹啊，你是看樹的人啊。」

我：「但是你一片葉子也不留。」

樹：「他們只是走了，不是我不留。」

我：「這樣的你，你喜歡嗎？」

樹：「喜歡就要不喜歡，留不住就要留，說再見比較容易吧。」

我笑了：「哇，你這話說得太絕妙，但是你說再見，就要再見啊！」

樹：「留不住葉子，但是這裡有葉子的位置啊，他們願意回來，就會回來，他們不回來，我還是樹，他們只是不是我身上的葉子。」

我：「可是你剛不是說，你是樹，葉子是葉子，我是我，那這樣留不住的是『你的』葉子，你不留嗎？」

樹：「如果你是我身上的葉子，你也會走的。」

我：「我……」

我說不出我會留，有些事實向來抵不過時間。

樹腳邊的草說話了：「奇怪，我們也是葉子，你幹嘛不問我們，我們還不是在他身邊，有一些還在他身上，我們長上去也沒問他，我們就是葉子，他就是樹，你就是你啊，到底為什麼聽不懂啊？」

我躺下，倒在草們的身上，試著滾兩下。

草：「看吧，我掉下來了，你留不住。」

小後記：

剛開始聊天的時候，真的很常有這種羅生門的對談，因為我們的文明差太多，很多強烈的情緒，我很少從植物身上感受到，比較多的是當下存在態的討論。但是我那時候常常跟不上，因為他們習以為常的當下，對我來說像是讀過的理科書，你知道每一個字，但合在一起是什麼意思，在我腦中是完全沒畫面的。但是即便如此，大家還是很常跟我聊天，不知道是不是一種教育或傳承的概念，不過我想……應該就是一場當下的聊天吧。

29

河邊的木頭

後山的樹，沿著水長，他們的根常常都在我看不見的地方流動，但是偶爾把自己跟著他們往下延伸，聽見水流動的聲音，跟在房子聽水聲，很不一樣。

樹會教我玩水，他說把腳伸長再伸長，然後不要動，只是讓水經過，然後把皮膚打開，讓水穿透，然後繼續不動，直到你也變成水，每一次都可以玩很久，玩到我們都忘了自己也是樹。

電梯的公告裡寫著「為期一個月整治河川」，我把這個怪異的消息跟樹說，他問我「什麼是整治河川？」我也不懂，我查了資料。

「行政院四年內將投入六百三十億元進行水環境建設，易淹水區域以縮減至十八%為目標，自來水普及率可提升至九十四點三五%，漏水率降至十四%，每日常態供水能力將增加五十萬噸，同時選出台灣四十三條河川，改善水質的同時，打造親水遊憩景觀河岸，媲美日本鴨川或南韓清溪川。

行政院在擴大投資方面，關於水資源的建設有四大面向二十多項計畫，包括易淹水區域的防洪建設、水資源的保護及供水穩定、整體親水環境的打造、氣候變遷的韌性調適，四年內投入六百三十億元。

經濟部將投入一百億元，選擇全台四十三條河川、排水系統、海岸、滯洪池予以改善，希望一縣市有一至兩條河川建設為休閒遊憩親水區，改善汙水排水，清除淤積，進行水質改善，營造溼地，並進行景觀大改造。（摘錄自二〇一七年二月六日《中國時報》報導）」

樹：「這是什麼意思啊？」

我說不清楚，因為我沒看過清溪川，但是我見過鴨川，我傳畫面給樹看，跟他說。

樹：「這是不一樣的水，為什麼要改變水呢？」

我說不清楚。

樹：「改善水質是什麼意思啊？這裡的水很甜啊，你不是也喝過嗎？」

我沉默地點頭。

樹：「清除淤積？淤積是什麼啊？」

這個我稍微理解一點：「累積很久，多餘的東西？」

樹：「累積很久的多餘？這裡多餘的東西早就被水帶走了啊。」

我：「所以我真的不太懂，這是什麼意思，只是我想先告訴你這件事情。」

然後後山就轟隆作響，每天，每天直到溪水的線條露出更多的土色，然後我看見樹根傾倒，然後我看見樹皮乾涸，然後我看見葉子在不冷的時候離家，這裡轟隆轟隆，樹的哭聲只有我聽到，那不是痛而已，而是被無理地推倒的驚慌氣息，當他們試著把根轉個彎再繼續下去，然後被刨出，被刨出，這些樹在挖土機的逼迫下，不能當回樹，只能當河邊的木頭。

那天轟隆隆又在作響，沒有一扇窗、一扇門阻擋得了無情的聲音，我忍不住放起巴奈的歌〈自由〉。

我坐在窗前，看著傾倒的樹，看著那些飄在空中的根。

「痛苦　是一種必然嗎？
真實的愛著
真實的被愛著
真的是一種奢望嗎？」

春花從他的窩起身，走到我面前。

「生命　會燃燒嗎？
浮浮沉沉　起起落落
就是生命的存在嗎？」

他看著我的臉，他的眼睛因為遺傳問題，常常有沉積物，但是他的眼神一直都很明亮。

「做一個正常的人
該當作是信仰嗎？
慣性的
隱瞞的
內心的

殘破的
飢渴的
會被釋放嗎？」

春花趴下，在我腳邊。

「唱唱歌　跳跳舞
喝喝酒　做做夢
就能自由嗎？」

貓沒動，我覺得臉很燙。

「魚會飛嗎？
鳥會游泳嗎？
人會自由嗎？
麻木的心會再有知覺嗎？」

滑過我臉上的水，跟那河裡的水不是一樣方向。春花往我身上傾倒一些。

「重複著的
仍要繼續重複著嗎？
幸福是可以追求的嗎？或只是在消逝著
一切都在消逝著嗎？」

春花把肉掌架在我的腳上，輕輕伸爪，提醒我，樹在看著我。

「痛苦　是一種必然嗎？

痛苦　是一種必然嗎？」

我問樹：「痛苦，是一種必然嗎？」

樹：「把根放在空中呼吸好不習慣。」

春花叫我學樹，用一樣的方式呼吸，我把自己放倒，很不習慣，也很不舒服。

我：「痛苦會習慣嗎？」

樹：「現在我不習慣，你習慣了嗎？」

我：「我還沒習慣。」

樹：「你為什麼把你身體的水擠出來啊？」

我：「因為痛苦啊。」

樹：「我們身體的水，也都因為痛苦才會流出來，這樣的水流跟我們平常的水真的不一樣啊。」

我把腳放在空中，試著與他的根相連，試著讓空氣穿過也是舒服的，但是很難。

春花說：「那個樹邊哭邊唱歌，跟你一樣，邊講話邊哭。」

那天很涼，但是跟水的涼不一樣，太冷了。

……小後記

河川整治後，很久、很久、很久都只有草，沒有樹，我知道樹的生長不會這麼快發生，但是每每走去岸邊，都忍不住跟離岸遠一點的樹說，你們分點讓樹長出來啊，有時候風大會有一些什麼飄過，有時候就是一些葉片落在我身上，像是本來就長在我身上一樣，那時候我都把腳放入水中，複習我們一起玩過的遊戲。

30

假裝死掉？

在異地的公園坐著，風實在冷，我不斷調整帽子，讓自己少吹點風。風一條條地灌進身體裡，我愈來愈縮成一丸人，但是樹兀然昂立，好像寒冷是我自己的事情，不過一片葉子不剩的枝枒，也是一種寒冷的表示。樹跟人真的很不像，我一邊想著，一邊等他開口，我經過他好多天了，他說今天願意跟我聊聊。

我：「你們這樣孑然一身，什麼都沒有的時期，其實很久欸。」

樹：「你是說現在的樣子嗎？」

我：「我原本生長的地方，溫度變化不大，或是說，因為我沒有在冬天去高地看看，但是我確實比較少看到，葉子全部落下的樹，所以會覺得，你好像假裝死掉一樣……」

樹：「假裝死掉？」

「死掉是可以假裝的嗎？」我又問了一次。

風吹過他，我看不太出來……他的感覺……

樹：「我不太知道你所說的意思，但是我們好像在睡覺，就是一種休息的感覺。你本來就看不太到我們的生長，我們其實還是繼續地生長，如果這是你們說的死掉，這時候我們只是更慢而已。陽光還在，雨水也還在，我們還是我們繼續長啊，你感覺死掉嗎？」

我的手指感覺冰冷。

我：「我感覺死掉嗎？不是這樣，跟你們聊過很多次，我知道你們很難死掉，我也常常覺得枯萎的你們也可能會再生，只是現在這樣的感覺看起來太單薄或是說太冷或是說有些可憐感，總覺得樹就是應該有葉子，充滿生機，哎！是我太理所當然啊！」

樹：「就像是我們覺得你們應該還會尊重我們嗎？以前的人砍樹，會充滿敬畏或愛憐的跟我們告別，現在我們的存在之於你們是什麼？你還會覺得我們值得憐愛嗎？」

我：「天啊！你讓我內心有很多對話，因為，一則我相信還是很有多人，啊！應該是說還有一部分的人對於樹、對於山，充滿敬畏，一樣是用崇敬的心在邀請你們躺下。但是確實有一部分的人，可能是存在感比較巨大的一群人，他們在砍下樹的時候，就是砍下樹了。」

手指的冰冷已經傳遞到了手臂，一種冰冷的感覺好像天生就附著在我的身上，我不確定這是習慣還是我本來就可以。

樹：「你可以看見我們的葉子不見了，你覺得他們看見了什麼？」

我：「他……他們看見了錢，看見了你們轉換的價值，他們看見自己的需求，他們看見了……他們看見了很多自己所需要的，但是他們沒看見樹，沒有看見你們……吧？」

樹：「那，你為什麼看得見？」

我：「我想說一個笑話，就是聽了會想笑的話，雖然我不知道你會不會笑。我以前有一位老師，老師也是如您一般的角色，他說：『你們還看得見四季的變化，還知道落葉跟季節的關係，表示你還有心。』」

樹：「這是好笑的話嗎？這是很棒的話，很貼心的話啊？」

我：「可是你知道嗎嗎？當有人把這句話說出來的當笑話的時候，

表示多數的人都不認同這樣的價值了……」

樹：「你是說多數人都不知道葉子是存在的啊？」

我：「你這句話有點好笑，我想多數人還是知道的，但是可能不是很多人知道葉子的價值或是葉子跟你們的關係，也可能不太知道有樹就算沒有了葉子，也不見得真的死掉，只是如您所說的，在休息而已。」

遠處飄來一片枯黃的葉子，帽子掩蓋了很多視線，我不知道他從哪邊來的，但是他黃透了，已經是咖啡色的深黃，葉面上的濕意來自風雨的添加，已經不是他可以吸收的，他躺在泥水中，聽著我們的聲音。

樹：「如果像你這樣的人多一點，會有更多人知道嗎？」

我：「喔……哈哈哈哈……我是會努力繼續做的，但是這世界相信人會跟樹講話的人也不多。因為不相信，也不會願意聽啊？」

樹：「不相信就不會聽？因為你們講的話不一樣嗎？」

我：「這世界多數的人跟我講的話不一樣，所以跟信任無關，是我們不懂對方說話的意思，因為無法了解對方，也無法對話。另一種是，講著一樣可以相互理解的話，但是對方沒有信任，即便每一個字都聽得懂，卻完全沒有聽進去，當然也不會在意我的想法。」

葉子飛了起來，貼在樹幹上，再怎麼近，他都不是他的葉子了，我看著那片枯黃的葉子，他現在看起來跟樹皮的顏色好近，一年也只有這個時候，你們是如此的相似，卻再也沒有關係了，我在心裡暗淡地想著。

樹：「那你有解釋嗎？你剛剛跟我講話的時候，有時候會跟我解釋，我不是全部懂，但是我可以稍微想像你說的話，那樣，你有嗎？」

我：「我有時候有，有時候沒有。你會討厭其他的樹嗎？或是覺得跟其他的樹說話很累嗎？就是在一開口好像就下了綿綿細雪，每一片雪都吸收了你的聲音，讓你想說的都變成透明，也不會有風透明的力量，就這樣隔絕了一切……」

樹：「那樣的透明，聽起來很有力量啊！」

我：「哈哈哈哈哈，你說的也是啦！講一講的時候，我發現我可能有時候也是假裝死掉。」

樹：「你假裝死掉了，但是我們沒有唷。」

風吹得我的帽子又掉下來了，葉子還在樹幹上，只是滑下了一些。

看了一會兒，我走了過去，拿起葉子，放在樹根，撥了一些土埋葬樹葉。

「你會埋葬樹嗎？我會唷。」

世界安靜得像是沒有風經過。

……小後記

你會埋葬樹嗎？我會，但不是黛玉那種葬花，我只是單純希望讓葉子回到離土地更近的地方，不是在柏油路這種地方飄盪，或是說希望他們在回歸的時候，還是自己熟悉的樣子吧？好像有點老派，但其實植物不那麼在意，在意的是我吧。很多時候，我都是這樣感覺的，我所在意的，他們並不在意，但在這樣交會的空間裡，我的理所當然被消融了一些，感覺自己像發芽了一樣，可能我也同時埋葬了一些我無謂的固執吧！

31

一方土養百種瓜

今天來到農田幫農夫整理田地，春夏之際，一片綠意，每一種經濟作物都在比誰有用、誰生長得快，我每回來到農地都有種我好頹廢，植物好奮進的感受。

四季豆第一次在這邊落戶，因為站不穩，結豆有限，「你不要出來啦！讓我先長啦！」豆們吵著……

地瓜葉在我放入土裡的時候，宛如士官長嚴厲地說：「把我用好，放深一點，我今天就長出根來，我每天都要變大！我不要休息！你把我跟他離遠一點，我今天就要長大！」

玉米被風吹得東倒西歪，還是堅持著生長，但是他們很安靜，並不太說什麼，在我們將他們扶正的時候也顯得很羞赧，好像自己表現得不太好。

我開始拿起水管，一道一道地、為作物噴水。芋頭要求很多水，其他的植物只希望我把水灑得均勻，然後轉彎溝的水不要積成死水，這樣水會變成蟲的，一邊聽他們叨叨絮絮地說著，一邊可以感受到農田的活力，跟我很頹廢的氣習真是很不同，然後農夫問我了。

農夫：「所以……我的小黃瓜到底怎麼了？」

我安靜聽小黃瓜的聲音，意外的有三種取向。

我：「前面這邊的說土太軟，不好站。中間的說自己很努力長啊，你沒感覺嗎？遠處一點的，他有點不敢放開來長，不太知道怎麼跟土壤相處。」

一邊傳遞，一邊覺得大家的問題都不一樣啊，然後農夫說，這裡有三種小黃瓜，可能這也是原因吧！

第一種是泰國品種的小黃瓜，其實長得還不錯，就是矮了一點。

第二種是台灣的小黃瓜，因為瓜葉同時旺盛地長，可能因此瓜顯得有點小，也有點慢。

第三種是日本的小黃瓜，確實是同期種下之中，最小的，也是生長最慢的，很多時候說他們有長，也長得過於有分寸了，所以農夫會覺得，這小黃瓜有點生長不良。

我跟第三種小黃瓜聊比較久：「其實你也可以嘗試把自己的根放在土地上，感受一下他是如何支持你，如果感受不到，坦然地枯萎也沒關係啊！」

小黃瓜安靜地伸伸腿，很慢、很小聲說：「好，我試試看。」

農夫：「那你幫我拔草？」

我：「不要，草會一直叫！這樣我還要一直道歉！」

農夫：「那你幫我播種？」

我：「好啊！」

然後我一邊跟玉米聊天，一邊唱點歌，一邊祝福他們變成好吃的玉米。

離開農地前，我在心中慎重地謝謝土地的慷慨，一邊再祝福日本小黃瓜，可以接受大地媽媽的愛，享受我今天赤腳踏地的快樂。

……小後記

再去農田時很多作物已經收割了，剩下的部分有些會愉快地唱歌，有些會傳遞出一種打飽嗝的感受，有些則是很安靜地繼續凋謝。不過地瓜葉還是很奮進地在長，成為這裡最綠、最富生機的一條田埂，走過去澆水，聽到他們大口喝水的聲音，覺得自己好像也跟著渴了起來……

32

不一樣

常常在跟樹聊天的時候，被拋上樹冠，實際上是一次也沒去過，我問春花，我是不是應該自己去爬一下樹，春花說，那你要跟鳥一樣輕才行。

要像鳥一樣輕，不是下輩子要賭賭看才會有機會嗎？

好險後來我發現了「攀樹」這個活動……

花了一陣子觀察這個活動，並且實際去問那些被攀過的樹，真的可以接受這樣的方式去接觸他們嗎？然後才開始真的去攀樹。

第一次試攀的樹安靜地坐落在小廣場上，大家輪流去吊看看，樹枝寬不超過十公分，身邊壯碩的大漢被吊著，他也是安然的，攀樹老師說：「寬十公分的樹枝，就可以支撐一百公斤。」我聽著內心譁然，忍不住問他：「你還好嗎？」

松樹問我，「所以你可以上來嗎？」

「等下應該可以。」

然後我們一行人就去攀樹了。攀樹真的很累，用盡全身的力氣，跟爬山沒什麼兩樣，但是攀到樹頂跟爬到山頂不太一樣，不是看到非常開闊的景色，而是看到被樹葉遮著的天空，但是也有比較大的縫隙可以看見天空，然後鳥飛得很平行，蟲子很多。趴在樹上跟趴在地上很不同，樹枝跟樹枝的縫隙也不是伸腳就可以到的，想要轉個彎，通常就是卡著，好不容易趴好好，花了很大的力氣才回神。

「還好嗎？」

「還好。」

「你爬上來的時候，沒有一直看我。」

「因為一直看你，會覺得還有很遠才會到啊，我怕我會放棄，所以沒有一直看啊。」

「到了之後，還會覺得我的頭、很遠嗎？」

「會唷，因為地上的人都變好小。」

第一次上的樹好像有十公尺高左右，人跟狗都明顯的變小，但是我對於樹來說，就是他的日常吧。

花了一段時間恢復呼吸，靠著樹，再度感受現在的狀態，然後問樹說：「這樣上來，你們真的不會覺得被打擾？」

「他們不是每次都打擾我啊。」

「所以有時候會覺得被打擾？」

「有時候會有癢癢的地方，或是乾枯的地方被剪掉，也滿好，但是有時候遇到那種很緊張的，一直卡著尖叫的，會很希望松鼠爬過他的時候，可以躲進他臉上的洞，安靜一下。」

我試著想那樣的畫面，但是我想，松鼠應該也會叫得很大聲，那個人可能也會叫得很大聲。

「我跟你說唷，真的上來後，跟樹給我看到的畫面一樣。」

「對啊。」

「對啊。」

「但是我們有時候會變得不一樣。」

「怎麼樣的不一樣？」

「如果有樹傾倒，大家都會變得不一樣，大家會搶陽光啊，都會往那個縫隙長，然後大家會一起往一個方向聚攏，但是不會靠近。」

「因為靠近了就沒陽光了。」

「是啊，這裡的陽光跟地上的陽光不一樣，對吧？」

「對啊，這邊的陽光比較熱，所以你們每天身體的溫度都不同。」

「我們每天長出的自己也不同啊。」

「我們每天長出的自己也不同。」我重覆了這句話。

我接著問，「哪裡不同啊？」

「我沒有一片相同的葉子，也沒有相同的枝枒，也沒有一樣的樹皮，相同的又長得不同，大家都在長啊。」

「人類好像也是，雖然看起來都差不多，但其實是不一樣的。」

「所以你下次來找我，跟這次也會不一樣了。」

「天啊，下次來，只會更難吧。」

「你要上來，我無法幫你，但是當你上來，會跟我們一樣吸收不一樣的陽光。」

「然後長出不一樣的自己。」

下了樹，覺得自己跟樹有另一種親近，說不上來是哪裡，可能是體內陽光的成分吧。

……小後記

後來也還有嘗試去攀樹，再度深刻感受樹的強壯，果然被風雨澆灌長大的孩子，跟我們這種肉人，真的差很多。
喜歡在離開自然環境的時候，深深地抱著他們，樹總笑著，我也是。

33

喜歡蜜蜂嗎？

「我的編輯很想知道，你們喜歡蜜蜂嗎？」

「跟喜歡比起來，是需要，我們都需要彼此才可以繼續生活下去，我們一起這樣很久了。」

幾隻蜜蜂飛過我，並沒有因為我們的對話停留，不過也很少遇到停留下來、聊天的昆蟲就是了。

眼前黃色的花朵，舒展著自己的花瓣，中間的花蕊停著蜜蜂。剛才其實我也有看到一隻小小很像甲蟲的蟲子爬過，地下的螞蟻也有爬上來，不是這朵黃花，是這裡其他的花，有些螞蟻也會一起來搬花粉。

印象中其實蜂鳥或一些蛾，好像也有蝙蝠等生物會協助植物傳播花粉，讓植物可以延續下去，我把這些訊息跟眼前的花們說。

有些花安靜地聽我說，有些花釋放出不一樣的味道，有些花好像在搓揉著什麼，我安靜地躺在地上……

「對啊，像你這種一直講話，但是什麼事情都不做的，這邊基本上沒有。」

「你講得我好像『雄蜂』唷。」我簡單地跟黃花說明，他們常看見的是「工蜂」，常常來採蜜也帶走一些花粉幫他們延續族群，而且還會知道要分區採蜜，以及一樣是住在蜂窩裡的『雄蜂』，沒有生產能力常常都躺著也沒幹嘛，在家裡就是被工蜂推來推去，等到蟻后要延續後代才會有作用，萬一沒要生小孩，他也就被推出蜂巢。

掉落了一瓣花瓣的黃花說，「他有用啊，他會幫忙生命的誕生。」

完整的黃花：「沒有用的，不會誕生的。」

「是啊，不被需要的，不會出現的。」

掉落了一瓣花瓣的黃花說，「所以你就算是被趕出來的雄蜂，跟我們在這講講話，也是挺好的。」感覺第二瓣花瓣也在搖搖欲墜……

「蜜蜂來的時候，也不太跟你們說話啊？」一隻螞蟻沿著我的耳朵往上爬。

「嗯啊。」

這朵黃花比較小，花瓣雖然每片都一樣是美麗的金黃，但是有點蜷曲，很少被停留，今天只有一隻很像金龜子的蟲停了一下，就離開了。

「誰比較會跟你們說話呢？」

「你啊，你最愛說話。」第二瓣花瓣落下，黃黃的卡在我的頭髮上，感覺不太好消化。

「對啊，我超囉唆的！」

「蜜蜂也很囉唆啊，他們常常講很久，跳很久，不過聰明的蜜蜂會帶來更多的蜜蜂，蝴蝶啊就是講一講就走了，他們喜歡味道清楚的花朵，但是吃多了、誰有這麼多清楚？」

「吃多了，誰有這麼多清楚？花朵也會喝醉啊？」沒什麼花朵回應我喝醉，我感覺我們又不同頻，回想了對話，我問：

「味道清楚是什麼意思啊？」

「就是味道明顯的啊。」

我請他傳遞給我味道明顯的味道，但是我不知道是因為味道淡了，還是因為我的鼻子聞不出來，對我來說那就是幽微的花香。

「你不會被吸引？」我的指尖扶著其中一瓣花瓣的背面，覺得再掉一瓣花瓣，這朵花的缺口就太大了，但是他一副無所謂的樣子。
我試圖再深聞幾口，坦白地說出自己沒什麼明顯的感受，完整的花朵傳給我另一個味道，我稍稍感受到一點明顯的酸味，但是依舊很淡。
「吶~他真的是動物啊。」
「是啊，動物都比較想吃花蜜啊。」完整的黃花說。
「但是給他吃，他又不會幫我們傳花粉。」
「也不是每一個動物都會幫我們傳花粉啊，他這麼大，沒把我們壓爛，也可以了啊！」完整的黃花一邊試著繼續延展花瓣，一邊說。
我可以幫忙嗎？我心裡想了好一會兒。然後我對他們伸出手指，說：「我這樣摸摸你們，再去摸別朵花，有用嗎？」
掉落花瓣的黃花說：「你試試看啊。」
我非常輕、非常輕地滑過了花芯，我不太確定自己有沒有沾到一些些什麼，但是我緩緩地移動，然後在其他的花朵上，輕輕地摩擦指腹，沒有獲得什麼回應。

「還是蜜蜂好。」

「還是蜜蜂好。」

「嗯，我不是蜜蜂。」我一邊想著，我不是蜜蜂，一邊想說如果有跟人一樣的大蜜蜂，那要多大的花，想起食人花，也不是靠人來傳播的，但是我記得特定的植物跟特定的蜜蜂（或說特定的昆蟲）有關係，沒有昆蟲幫忙授粉，就會滅絕，植物也會死亡的，但是我們很少知道。

「你們應該很喜歡蜜蜂吧？」

「喜歡啊。」

「因為想要活下去嗎？」

「因為想要一起活下去。」

「那你們的一起，想在一起的世界裡，有人類在裡面嗎？」

「沒有沒關係。」

「是因為我太囉唆了嗎？」

「沒有你，也沒關係，但是沒有蜜蜂，很有關係。」

「果然想要在這裡活著，還是要有點用啊！」

「對啊。」又落下一瓣花瓣的黃花，又吸引到新的蜜蜂來。

完整的小黃花也吸引到蜜蜂，往上爬的螞蟻也穿過花托，往花蕊爬去，更多的螞蟻往這邊移動，蜜蜂的嗡嗡聲也愈來愈明顯，我回想著那淡淡的酸味，想不太起來，具體來說到底是怎樣的味道，難怪這裡不需要我啊。

……小後記

即便如此，我還是常常去跟花朵聊天，試著理解他們迷人的樣子，有時候會試著跟他們一樣把自己打開開的，看會不會有授粉的昆蟲或是動物會理我，結果……都滿門可羅雀的，我想大家的品味是很堅定的。

34
學飛的種子

這是一位我在旅行中遇到的狗，而這是狗狗跟我說的故事。

「你看這個瀑布，一直往下，對不對？但是其他的都是往上唷，那些跟著水往下的都會變成水，但是往上的都變成植物了。我們是動物，所以可以穿梭其中，我每天都變成植物再變成水，然後才變成狗，你看到了嗎？」

這是在遙遠的大陸上，一隻正懷孕的黑母狗，用著輕快的步伐在我面前說的故事。我試著不讓心跳出我的心口，勉強跟上她的腳步，直到到了溪邊，他開始喝水，我們的步伐才稍微一致了一點。

狗媽媽說：「這裡很少人來，因為這裡有蛇，很多的蛇，什麼顏色的蛇都有，他們會跟著水住，或是住在植物的根下面，只有樹跟我知道，蛇太安靜，你會忘了蛇的顏色。」

落在地上的植物，被我輕輕揮舞著，花粉灑了一地，我不知道，我今天是否代替了蝴蝶，做了一點事情，樹笑了……

「你只有今天當蝴蝶嗎？」

我繼續輕輕揮舞著眼前的植物。

「我只當這一下的蝴蝶。」

「你會飛嗎？」

「還不會。」

「你會長根嗎？」

「會。」

「那你祝福我的小孩，跟你一樣生根，好嗎？」

「不用飛舞嗎？」

「你是不會飛的蝴蝶，他們遇見你，也只能生根啊，不是嗎？」

我試圖在空中更大力地揮舞衣袖，花粉只是落地而已。

「我真的不會飛。」

看著那些跟灰塵和在一起的花粉，落地，我獨自這樣說著。

狗媽媽：「跑快一點就會飛唷。」

然後轉瞬間，她把我拉進水裡，不是太快，但是我已經超越我本來的速度在流動，我變成水，狗媽媽也是水流的一部分，剛才在我身上的種子也流動著……

「再快一點就飛起來了唷～」

我被種子圍繞著，再往下衝的那時候，強力撞擊石頭，我們飛了起來，狗媽媽變回狗，看我飛起來，然後穿過我們，跳到對岸的石頭，那一刻我們正在飛。

「你們都飛起來了唷。」

「我們都飛起來了唷。」

「學就會了唷。」

「會飛的種子是動物嗎？」
「會飛的動物是種子嗎？」
「我們都是會飛的動物種子。」

樹笑了：「那還有誰是樹呢？」

……小後記

狗狗陪我上山，也陪我下山，我們步伐一致的時間很少，但是在水裡，他讓我徹底地跟上時，我們都不是彼此原來的樣子，卻感覺融為一體，那時候只覺得水圍繞著我們，樹也環抱著我們，但是大家都飛了起來，一起變成一個什麼的感覺……跟植物聊天，常常有種超越存在自己存在的體驗，謝謝他們的大方分享。

廟前面的廣場或是在路口的老榕樹，總是會被綁上紅布條，並不是用一種很優雅的方式綁著，就是紅紅寬寬的布條，纏繞著幾圈。在民間的信仰當中，他們都是樹神，因為他們很老、很老了……

在我聊過的樹中，可能有比眼前的樹更老的樹，跟樹說他們很老，所以被當成神，是一個不太容易被理解的概念，時間對他們來說，本來就不是線性的，因為時間久而產生的意義或是尊敬，變成他們腳根前的幾炷香，也是滿難說明的事情，雖然一直有興趣問他們，但是一直都沒發問……

那天是因為迷路了，也是因為下雨了，暫且坐在樹旁邊的水泥小亭裡。小亭旁邊有間小廟，到我腰身的小廟，但是收拾得很整潔，裡面有土地爺爺跟土地婆婆，在這樣車來車往的路口，形單影隻的小廟卻顯得很安適。旁邊有棵榕樹，氣根散落在泥土與柏油路上，並不在意自己有時會被撞斷，但是很明顯，樹冠是往泥土的邊長，但依舊是安穩地覆蓋著土地公廟，濃濃的樹緩衝了雨滴的衝擊，雖然感覺油漆已經斑駁，但這裡還是散發著一種溫柔的氣息。

雨滴也沖散了些暑氣，我靠著柱子，氣根有時會打到我的臉上，不會痛，癢癢的，沒想到要說話，也還不想拿出手機來找方向，霪雨霏霏慢慢等也覺得滿好的。伸出手指，在風吹的時候，跟氣根接觸，有時候可以好好地摸到，有時候只是錯過了，氣根滑到指縫，癢癢的，忍不住笑了出來。

「好玩嗎？」

一瞬間沒想到、樹主動跟我講話，下意識地看了土地公廟一眼，想說是不是因為自己的腳很開，被神罵了。

「好玩嗎？」幾根氣根同時滑進指縫。「是你在跟我講話啊。」

「對啊。」

「我剛剛沒想到是你。」

「我看你玩了很久。」

「對啊，因為我有點累。」

「你應該要很累啊，你腦袋空空走了很久。」

「我腦袋空空你也知道嗎？」我不禁覺得樹好厲害。

「你一路走過來，摸了這麼多的樹，也不好好走路，人不是這樣的，你也不是狗在佔地盤，你也不是蜜蜂在幫忙花朵，你就是一個腦袋空空的人，不知道路吧！」

「連我是路痴你也知道？」

「路痴？」

「就是說……」覺得自己要對樹解釋，什麼是路痴真的太痴傻，轉口道：

「對啦，我腦袋空空走路是真的，因為我不知道應該怎麼走，才是對的方向，所以我就一邊摸樹，一邊感覺哪邊是對的方向。」

「你覺得我們知道路？」

「我想你們在這邊比較久，應該是會知道。」

「但是你現在知道路了嗎？你有問到哪個樹、讓你知道你自己在哪裡嗎？」

「我剛一路走過來，沒有一直跟樹講話，就是摸來摸去感覺一下。」

「如果真的有樹跟你說路，也是滿厲害的。」

「如果我能聽得懂他說的路，我也很厲害。」

「嗯，真的很厲害。」一起說出這句的我們，不知道為什麼聽起來都不太厲害。

「你會講話，你為什麼不問我們啊？」

「你是說問路，還是說跟你們講話啊？」

「都好啊，你一直讓我們感受你，但是你卻只是安靜地走著，為什麼？」

「今天沒有什麼想講的話，只是想要安靜地走路，也沒想這麼多，為什麼不想講話，就是走著走著。」

「我吵到你？」

「不會啊，現在講一下話，可以換一下腦袋的節奏，滿好的。」

「可是我覺得你還是空空的。」

「哈哈哈哈哈，這句話聽你說好多次，突然覺得好好笑。對啊，我還是空空的，因為我不知道要裝什麼。」

「那你現在有力氣嗎？」

「有啊，怎麼了？」

「你可以幫我把這裡打開嗎？卡到了。」我起身去看他說的地方。紅布條陷入了樹皮裡，樹皮的裂縫愈來愈大。我看著這個裂縫，我問他……

「你希望我怎『打開』呢？是把整個布條拿下來，還是把這個地方卡住你的布移動開來呢？」幾隻螞蟻出現，樹上的鳥很安靜，雨也淡淡地下著。

「你幫我移開就好。」

「不用整個拿走？」

「不用好了，以前沒有這個，大家會爬上爬下，有了這個，大家比較不會爬我，雖然有時候會突然剪斷我一些樹枝，但是不會整個修掉，好像有這個，很有用。」

我小心翼翼，輕輕地拉著布條，一些屑屑掉下來，一邊問他會不會痛，他說不會。我把氣根滑入指縫的感覺傳給他，問他說：「像是這樣的感覺嗎？」

「沒有這麼明顯的感覺。」

聽了覺得很安心，就稍微加大力道拉了布條，但是有些地方卡得很死，覺得都變成樹的一部分了，從包包拿出小刀，沿著布條刮了一下。

「這樣會癢嗎？」

「比剛才更明顯一點。」試著加重力道，在刀片的幫助下，讓布條鬆動。

「這樣呢？」

「有點像流血的感覺。」嚇得我手中的刀子掉下來，換我流血了。

「你知道什麼是流血？」

「松鼠教我的。」

「那……那個松鼠還好嗎？」

「還好，只是不住在我這裡了，這邊太吵了。」

「那我可以繼續嗎？你很痛嗎？」

「不痛啊，只是像流血？」

「像我現在這樣流血，是會有痛痛的感覺，會覺得你再多摸一下，我就會痛得有點變形，因為受傷了而流血，是會痛的意思唷！」

「喔！我只是覺得有東西流出來，很像那時候看到松鼠流血。」坦白說有點想翻白眼，但是知道他不痛，我就把刀深得更進去，而不是選擇把樹皮掀開。

我倆暫且無語地工作了一會兒。

那時候、其實、我有在內心跟土地爺爺跟婆婆拜託，希望不要有人經過，或是有車慢慢經過，要是我在這邊割布條被看見，我應該會被抓，紅布條纏著的樹是神樹，好歹我也是知道的。

把最後一截紅布拉出來，可能剩下少許的尼龍纖維還卡著，我問樹覺得還可以嗎？他說最卡的地方已經用出來，他覺得好多了。我避免自己過度強迫症地想把紅絲線都拉出來，默默地停手，整理了樹下的碎片，放入口袋裡，忍不住想：「既然都知道樹會長，布不會長，為什麼要用這種尼龍材質的布纏繞著神，這樣不會覺得會被神罵嗎？」

樹問我在說什麼？

我把他身上會有紅布條，跟紅布條會讓人更尊重樹的關聯跟他說。

「所以我是神樹啊？」

「對啊，你是神樹。」

「所以我腳邊的是神屋子。」

「對，神住的屋子，裡面是土地爺爺跟婆婆。」

「神很厲害嗎？」

「在部分人的理解當中，神很厲害啊！人很普通。」

「你幫助我，你很厲害。」

突然聽到一棵樹說我很厲害，我笑到不行，是真的很開心，我很少被樹讚美，覺得太快樂，而樹也因為我很開心，也笑著出來。

「你是神人。」

「你是神樹。」

「對啊，你再多一個神屋子，你就跟我一樣了。」

「那我也要在身上綁紅布條嗎？」

「對啊，這樣大家會更尊重你。」

我在樹下，笑得更大聲了，朋友的車開到了路口。

「總算找到你，這麼短的路，你也可以不見！你也真的是很神。」

聽到這句，我又笑得更大聲了。

神真的很幽默，我背起背包，慎重地向土地公廟拜拜，懷抱了一下大樹，開心地上車。

……小後記

後來有機會看到綁著紅布條、或是黃布條的樹，都會繞去看一下，是不是纏太緊，有時候會跟管理單位說一下，有時候自己動手處理，然後再抱一抱樹，覺得自己有什麼被綑綁的東西也被鬆開了，把這個感受跟樹們說，他們笑著說：「你這麼會跑，怎麼綁？」

也是很幽默。

36

會死就不會活了嗎？

我：「活了那麼久，會想死嗎？」

杉：「死？你說哪一種死？」

我：「就是停止生長？」

杉：「停止生長？我很多地方都停止生長了。」

不管我多努力地看，我都看不到樹的盡頭，即便我們已經聊了很多次了，杉樹每次都讓我沿著他身上走，或是爬，但是一直沒有盡頭。

我：「會不會，我死了，都還沒爬到你的頭頂。」

杉：「你要死了嗎？需要我現在就把你送上去嗎？」

我：「你是說送我去死，還是送我去你樹頂啊？」

杉：「你很容易死嗎？」

我：「理論上來說，滿容易的啊，而且人類身上有一點什麼壞掉，我們就會說『我這裡壞死』，不把壞掉的東西弄出來，就很容易覺得自己要死了。」

杉：「壞死？」

我：「就是有一個東西，本來可以用，後來不能用，就放在體內，就稱為『壞死』。」

杉：「不就跟我一樣。」

我：「你是說你已經不再傳水的皮嗎？」

杉：「對啊，依照你的說法，他們壞死了，他們停止生長了。」

我：「哈哈哈哈哈哈哈哈哈！這句好好笑。」

杉：「我常常不懂，為什麼你這樣就可以笑出來。」

我：「因為你說停止生長就壞死了，這句話很『人』啊！」

杉：「哈哈。」

我：「好笑嗎？」

杉：「不好笑，我只是想學你。」

我笑到喘不過氣，杉樹只用葉子拍拍我的背，我喜歡這樣的觸感。

我：「我會問你活了這麼久，會想死嗎，是因為我看書上都說杉樹活很久，活得很巨大，這世界很多地方是專門看你的，而且你們又老、又大、又高，你知道嗎？」

杉：「我知道我又老？又大？又高嗎？」

我：「嗯？」

杉：「我知道我們一直都是直直地往上長，如果歪了還是會想要往

上直直長，因為太陽在那裡，月亮也在那裡。」

我：「長到天裡嗎？」

杉：「有土的地方，我們就會繼續長啊。」

我：「所以你不會死？」

杉：「我有壞死的地方，我也死過了。」

我：「我、就、是、最、不、懂、你們樹說這種話了。」

換杉樹笑了，樹葉沒有動，但是我輕撫他的樹皮，看似平整的樹皮，卻充滿跟我一樣的紋理，但是摸起來很柔軟。

我：「沒有人活到你這把年紀啦，所以才會問你會不會死，會不會孤獨啊。你知道人類很多故事都會說，長命的人很孤獨，一個人活著看身邊的事物一一逝去、崩壞，然後活得愈來愈孤獨，看起來很可憐啊。所以我想知道，你有沒有這樣的情緒啊？」

杉：「你很老了嗎？」

我：「我正在一個要老不老的年紀，人類會說『正值中年』的時候。」

杉：「中年已經死一半了嗎？」

我：「還沒死啦！是說離死亡已經走一半了，大概是那樣的感覺啦。」

杉：「那不就跟我們一樣？」

我：「蛤？」

杉：「死一半？」

我真的是頭髮抓不停，人類對於死亡的概念很絕對，好吧！應該是華人對於生死的觀念很絕對，就是陰陽兩隔，死了就沒有了，不會再繼續生長啊，我每每在跟樹談類似的事情，就覺得很爆腦，因為他們真的很難死啊！」

杉：「說說看啊，我知道你覺得很難，你都是在這個時候，忘了走路。」

我索性坐下來，然後趴在杉樹身上。

杉：「死亡很難說齁？」

我：「對啊，因為我還沒死啊，身上可能有壞死的地方，但是我又不知道怎麼講，讓你知道，『死』就是一種全面停止生長，變成另一種型態，哎唷……我是說類似那種感覺啦！人跟樹也有文化差異，好像在讀薩伊德！」

杉：「你每次講到我聽不懂的時候，你就會講更多我聽不懂的話。」

我笑了出來，翻個身，試著用手握著樹幹，把自己的身體懸空，往外曬更多陽光再盪著回來。

我：「如果現在是真的人，我是做不到這樣的事情。」

杉：「你是說爬樹嗎？」

我：「對啊，所以我開始跟你聊天的時候，你就隨便我爬，我很開心，現實生活中我不喜歡動，但是不知道為什麼，到你身上就很想探索，想把一些很固執的問題跟你談談？」

杉：「因為我很老？」

我：「因為你還沒死。」

杉：「會死就不活了？」

我：「會死就不活了？」

杉：「嗯？」

我：「活了才會死啊，不是嗎？有生出來就死了的嗎？」

杉：「樹很多都是死了才會生出來。」

我：「什麼意思？」

杉：「你知道……我有種子也可以活，沒種子還是活嗎？」

我：「你是說不用種子，你也可以變成一棵新的樹，你的意思是這樣嗎？」

杉：「對啊，按照你的看法，這樣算不算從死裡面生出來？」

我：「可是……你還沒死啊，你還活著啊。」

杉：「所以一定要馬上死，然後活才會出現，是嗎？」

我：「你這樣講，我也模糊了，因為人類媽媽生小孩，也沒有死。

我有點不知道，要怎麼跟你說我的盲點。」

杉：「你很在意我很老嗎？」

我：「不會啊，就像這個聊天，我們差這麼多，不管是尺寸或是年紀等等差異因素，因為就是不明白那樣的你，是怎樣的感覺，所以才會想問你啊？」

杉：「如果我像人類那樣死了，就會懂你的疑問嗎？」
我：「我也不知道，因為我還沒死。」
杉：「所以你也是在問我，你不知道的事情。」
我：「我在跟你討論，你跟我都不知道的事情。」
杉：「嗯。」
我：「好像老了、也不表示就什麼都懂？」
杉：「這是什麼意思？」
我：「就像是你問我『會死就不會活了嗎？』」
杉：「會死就不會活了嗎？」
我：「我會死，但是現在我還是活著啊，在終點之前，就是想要知道更多的事情，因為很多事情，我不知道，所以我想問你，因為我們太不一樣了。我不知道你可以選擇死亡嗎？我的意思是說，你會自殺嗎？就是自己殺掉自己，人類可以。」

杉：「你會自殺嗎？」

我：「不會啦！我只是在想，當你說『會死就不會活了嗎？』有人是因為可以死就不活了，但是樹不會。」

杉：「樹會直直地往上長。」

我：「長到太陽跟月亮裡面。」

杉：「然後死掉。」

我：「你真的知道死亡是什麼嗎？」

……小後記

杉樹有天問我：「如果你死掉了，你還會來找我嗎？」我第一個反應是說：「會啊！」對我來說，那就跟看朋友一樣，但是後來仔細想想，改口跟杉樹說：「如果我還能以一個完整的意志，如同現在跟你對談一般，我會來找你，如果我那時候因為狀態改變忘記了，你呼喚我一下，好嗎？」杉樹說：「你不會忘記我的。」

37 後記

你會埋葬樹嗎？

你記得樹在春天跟秋天不一樣的綠嗎？

是不是看到枯枝，就會想著「這棵樹是不是死掉了？」

你在壓到樹根的時候，會想著他會痛嗎？

把一個突然出現在家裡的昆蟲放到葉子上，他們彼此都活得下去嗎？

以上有哪一個念頭，有稍微出現在你的生命中呢？

我很喜歡靠著樹休息，全然地將自己交給樹，在我還沒恢復動植物溝通能力前，我只覺得這樣充滿療癒感，或是說芬多精吧；恢復動植物溝通的能力後，我才知道，很多時候，當你全然地將自己託付給樹，他們會為我們輕輕唱歌。不管我們是否可以感知，樹都將他們的感受傳遞給我們，當他們在說的時候，即便我們不知道，他還是輕輕地唱了，因為他們是樹，當他想唱歌的時候，就唱了。

你或許有動物的家人，那你有樹的朋友嗎？

你還記得他的樣子嗎？你覺得他好了解嗎？你會想知道他需要什麼嗎？你想要了解他嗎？我把以上的問題，都問過樹。

跟植物溝通的感覺，非常地跳躍，溝通不在線性時間裡流轉，他像是飛到我眼前，讓我意識到，我跟他們的皮膚一樣都有感受世界的能力，不只溫度而已，還有空氣裡的心跳聲。

你有那種沉默如石的朋友嗎？但是你知道當你需要他的時候，他就會出現，在你身邊，植物多給我這樣的感覺，即便是我不知道他的變化，他已經接受在千百億個相逢的瞬間，一樣或是不一樣的我。

你會埋葬樹嗎？

樹比貓好交朋友多，但不管是哪一種朋友，我都想要試著聊聊。

藉這最後一點小時光，我想感謝協助這本書出生的人：

感謝細尾介紹怪力貓讓我寫出跟植物的對話。

謝謝照顧我的閨蜜們與谷柑爸，讓我當個傻瓜也可以好活到現在。

謝謝小Ju，帶領許多植物的緣分。

謝謝學生成就我生命中的另一陣風，如同植物拓展溝通的深度。

謝謝舒皮，願意畫出植物的表情。

謝謝春花，在我跟植物打結的時候，做好橋。

謝謝動物陪伴我與植物同行。

然後，謝謝你翻開這本書，讓我……

將這本書獻給你，當做禮物，跟你介紹一些我有趣的朋友，希望你也有機會認識他們。

「你好，我是春花媽，一位動植物溝通者，很開心認識你。」

我通常是這樣開頭，也想透過這本書，這樣問候你們。

跟一棵樹聊天，聽他的人生哲學（二版）

春花媽的植物療癒旅程

作　　者　春花媽
繪　　者　Soupy Tang
裝幀設計　黃畇嘉
責任編輯　王辰元

發 行 人　蘇拾平
總 編 輯　蘇拾平
副總編輯　王辰元
資深主編　夏于翔
主　　編　李明瑾
業　　務　王綬晨、邱紹溢
行　　銷　廖倚萱

出　　版　日出出版
台北市105松山區復興北路333號11樓之4
電話：（02）2718-2001　傳真：（02）2718-1258
發　　行　大雁文化事業股份有限公司
住址：台北市105松山區復興北路333號11樓之4
24小時傳真服務：（02）2718-1258
Email：andbooks@andbooks.com.tw
劃撥帳號：19983379
戶名：大雁文化事業股份有限公司

二版一刷　2023年9月
定　　價　480元
I S B N　978-626-7261-88-0
I S B N　978-626-7261-85-9（EPUB）

國家圖書館出版品預行編目 (CIP) 資料

跟一棵樹聊天，聽他的人生哲學： 春花媽的植物療癒旅程 / 春花媽著；Soupy 繪 . -- 二版 . -- 臺北市 : 日出出版 : 大雁文化發行 , 2023.09
面； 公分

ISBN 978-626-7261-88-0 (平裝)

1. 靈修 2. 植物

192.1 112013420